張之洞

一

唐浩明　著

岳麓書社

集文郵
一
古藝書坊

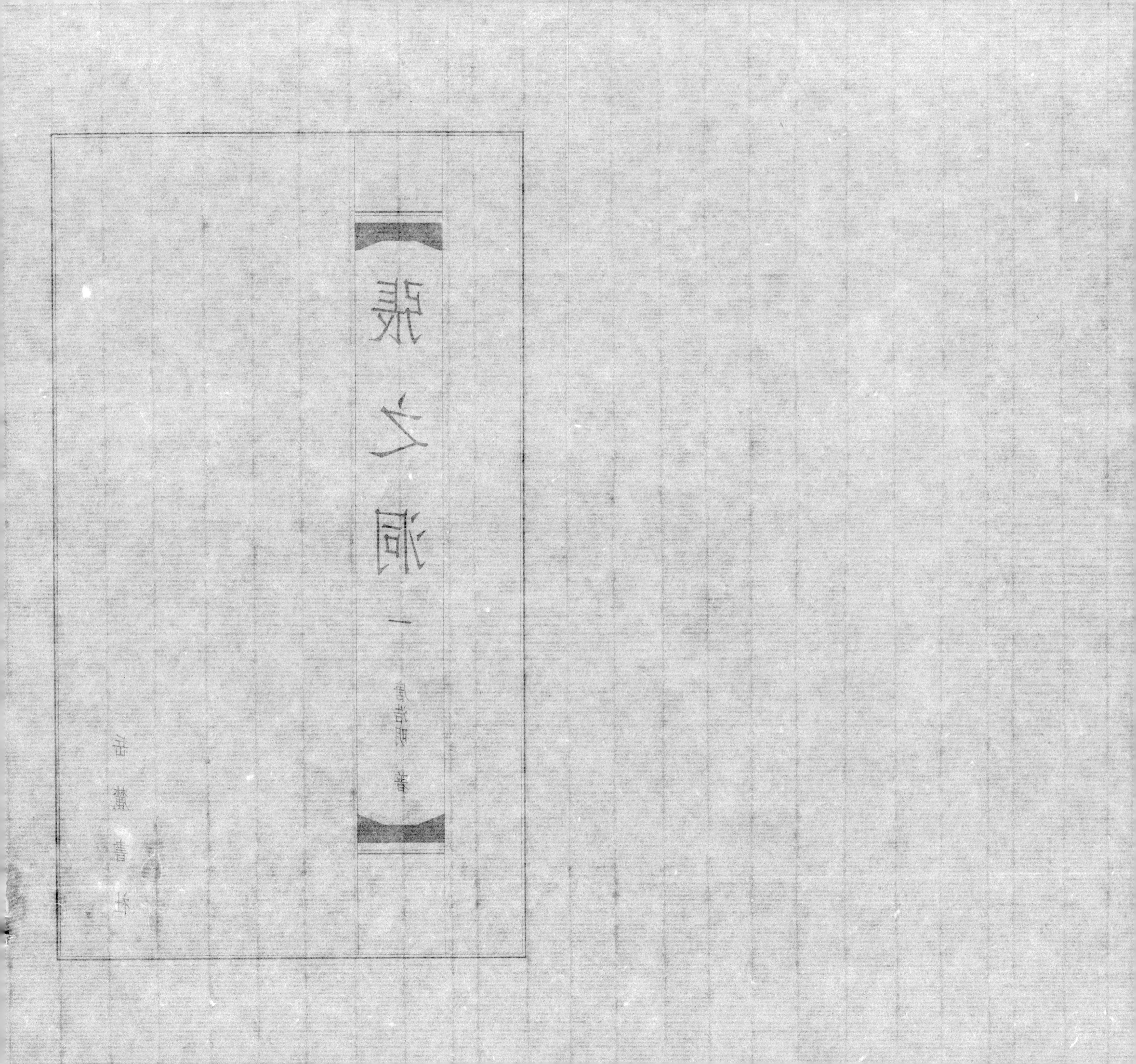

目録

目錄

目録

目録

目録

八　七

題記

這是一個成功的人生：少年解元，青年探花，中年督撫，晚年宰輔。這也是一個備受奚落的人物：起居無時，號令無節，行爲乖張，巧於仕宦。

這是一系列耀眼的業績：打敗法人的入侵，策劃並督建京漢大鐵路，創辦亞洲最大的鋼鐵廠。這也是百年來屢招責罵——好大喜功，糜費揮霍，崇洋媚外，沽名釣譽——的把柄。

爲謀求中國的富强，此人嘔心瀝血大刀闊斧地幹了大半生，但直到瞑目的一天，他也没有看到國家富强的影子。

爲調和東西方文化的嚴重衝突，並試圖建立一種新型的文化架構，作爲官方大員，此人第一個大力倡導『中體西用』。但他的這個設想，無論其生前還是其身後，都遭到人們的批判和嘲諷。

此人是誰？他就是毛澤東所説過的中國人不應忘記的近代人物張之洞。

張之洞的人生是成功還是失敗？

張之洞的事業是輝煌還是虚幻？

『中體西用』是導中國於現代化的正路，還是引中國於陷阱的歧途？

張之洞的强國之夢爲何不能圓，時代的限制和他本人的失誤又在何處？

這些，或許是正在努力與世界接軌的當代中國人有興趣的歷史話題。

翻開這一頁離我們并不太遠的史册吧，説不定它能給我們某些啓迪。

第一章 清流砥柱

一 張之洞拍案而起，憤怒罵道：崇厚該殺

深秋的太陽就要落山了，它的最後一縷殘照仍留在人間，給大清帝國灰暗的京師罩上一圈淡黃色的光暈。從西山那邊刮過來的霜風一陣緊過一陣。它將沿途高大的白楊樹吹得颯颯作響，又將御道上的黃土漫天掀起，灰塵裏着敗葉毫無目的地在空中飄飄蕩蕩。淒涼的霜風也將沿途的塔寺和宮殿上的鐵馬，吹得左右晃動，發出清脆悠長的金屬撞擊聲；又將各大城門上高高豎起的大清杏黃龍旗，吹得獵獵作響。這情景酷似這座八百年古都此時的境遇：既陳腐不堪，又帶有幾分神秘性；既處在衰敗破落之際，又似乎有一種厚重的底蘊在頑强地支撑着，決不甘心就此沈淪下去！

隨着夕陽的餘暉漸漸褪去，淡黃色的光暈慢慢地變爲灰蒙蒙的暮靄，京師寂寞而寒冷的秋夜來臨了。張之洞斜靠在病榻上，默默地注視着宇宙間亘古以來便這樣無聲無息周而復始的變化。他已病了七八天，今天下午纔開始略覺好點，或許是病體虚弱的緣故吧，面對着天地間時序的推移，他的胸腔裏無端湧出一股惆悵傷感的意緒來。

他已經四十三歲，通籍十六七年了，却還祇是一個洗馬。在數以百計的官名中，洗馬，應該算是最粗俗的一個名稱。不要説普通老百姓，就是許多與官場打交道的人，也不知朝廷中有此種官職。嘉慶朝便有這樣一個故事。

某洗馬出京赴西北辦事，一天傍晚在甘肅一個驛站落宿。驛吏拿出簿册來登記，請問他官居何職，那人答：『洗馬。』驛吏想，這一定是替皇宫洗刷馬匹的伕役。又問：『你一天洗多少匹馬？』那人知驛吏誤會了，便和他開玩笑：『没有定數，忙時多洗，閒時少洗，心情好時多洗，心情不好時少洗。』驛吏確信他是馬伕了，説：『皇上待下人真是寬厚！』便將他安排在最下等的房間裏，不再理睬了，那人也不做聲。過一會，縣令乘大轎來拜訪此人，並把他接到縣衙門裏去住。那人大模大樣地坐在轎裏，縣令則步行跟隨，一面彎着腰恭恭敬敬地與他説話。

驛吏大驚，問縣令的跟班：『他不是一個馬伕嗎，縣太爺怎麽對他這樣客氣？』跟班斥道：『什麽馬伕！他是縣太爺的恩師。十年前，縣太爺就是在他手裏中的舉，五年前會試時，他又是縣太爺的房師。』驛吏明白了，『洗馬』不是馬伕，但他始終不知道『洗馬』究竟是個多大的官兒。

原來，洗馬是司經局的主管官員。司經局的職責是掌管書籍典册，隸屬詹事府。詹事府原是太子的屬官。康熙晚年決定不立太子，並作爲定制傳下來，詹事府因此一度廢棄，後來又恢復，以備翰林院的官員遷升之用。洗馬的品級爲從五品，來到地方上，品級既比正七品的縣令要高，又加之有師恩這一層在内，故那位縣令對洗馬優禮有加；然而在京師，洗馬實在是一個無權無勢的閒散小官。

若説無才無德倒也罷了，偏偏是無論做史官，還是做學使，張之洞都比別人做得有聲有色，可就是官升不上去，真叫人沮喪。他是個志大才大自視甚高的人，從小起就盼望着今後能經天緯地出將入相，給青史留下幾頁輝煌的記載。然而時至今日還祇是一個從五品，年過不惑，精力日衰，這一生的宏大抱負能有實現的一天嗎？

張之洞爲自己愁慮，更爲國事愁慮，他覺得他好像天生就是一個憂國憂民的命似的。國家發生的

事情，無論是對外還是對內，無論是任人行政還是用兵打仗，也無論他本人是身處京師還是遠在邊鄙，祇要讓他知道了，他就非得過問不可。他常常難以理解的是，朝廷辦出的事爲何總是那樣不盡如人意，許多原本易於處置的事情，爲何總是辦得那樣乖謬？唉，真個是朝中無人！儻若自己握秉朝綱，國家決不是眼下這等一團亂麻似的不可收拾。張之洞常常這樣想着想着，便免不了在心裏發起牢騷來。

近日就有一件事令他憂慮。

十多年前，趁西北內亂時，浩罕王國的阿古柏帶兵侵佔了新疆，並與英國和沙俄勾結，企圖長期統治這塊廣闊的土地。沙俄也對新疆懷有野心，藉口保護僑民，出兵佔領重鎮伊犁。光緒二年，左宗棠率部出關，很快便打敗阿古柏，收復新疆，但沙俄却拒不歸還伊犁，朝廷決定派崇厚去俄國會商此事。

崇厚是個洋務派，跟外國人關係密切。同治九年，天津教案發生，時任三口通商大臣的崇厚，就極力主張嚴辦天津地方官以取悅法國。後來奉旨到巴黎道歉，又在法國人面前竭盡討好之能事。官場和士林中許多人都討厭這個油嘴滑舌八面玲瓏的軟骨頭，張之洞尤其痛恨，他認爲不能委派崇厚辦這樣的大事。

朝廷諭旨已下達，當然不可更改。張之洞於是上疏，請太后命令崇厚走西北陸路進俄國，以便在途中實地考察新疆特別是伊犁一帶的地理人情，從而做到心裏有數，以免上俄國人的當。但崇厚怕喫苦，不肯走陸路，堅持要坐海船；又聲稱已對新疆瞭如指掌，此行決不會讓國家喫虧。慈禧終於答應了崇厚。爲此，張之洞又添一重顧慮。

第一章　清流砥柱

於是，他決定自己來研究整個新疆的輿地，隨時準備爲朝廷提供行之有效的方略。就是因爲過度勞累於此，一向不太強健的張之洞病倒了。

這時，他又想起這件事來，伊犁城四周的山川地貌頓時出現在腦子裏。『伊犁城南邊的那條河，叫個什麼名字來着？』張之洞拍打着腦門，想了很久想不起來。他掀開被子下床，擎起窗臺上的油燈，想到隔壁書房裏去查一查地圖。

『四爺！』聽到房間裏有響動，正在厨房和女僕春蘭一起收拾東西的夫人王氏忙推門進來。王夫人的年紀比丈夫小得多，不便直呼其名。張之洞在兄弟輩中排行第四，她便以這種尊稱來叫丈夫。『你要到哪裏去？』

『我想到書房裏去查看一下地圖。』

『外面風大，剛好一點，不要再受涼了。』王夫人接過丈夫手中的油燈，扶着他回到床邊，說，『你依舊坐到床上去，我去給你把圖拿過來。』

王夫人從隔壁房間裏把那張標着《皇朝輿地圖》的圖紙拿了過來，攤開在桌面上。地圖很大，把一張桌面全部遮住了。張之洞將油燈移到地圖的西北角。

『特克斯！』他擡起頭來，一邊折地圖，一邊重複著，『特克斯。是的，就是特克斯！』

王夫人幫他把地圖收好，問：『特克斯是什麼？』

『伊犁城南邊的一條河。』張之洞自己掀開被子，重新坐到床上，自嘲地說，『我怕真的是老了，很熟的一個名字，一下子就想不起來。』

王夫人安慰道：『這不能怪你，祇能怪它名字没取好。什麼特克斯、特克斯的，多難記，若是取

一個像淮河、漢水一樣的名字，不一下子就記住了嗎？』

張之洞哈哈大笑起來。夫人這句話把他逗樂了，連聲說：『是的，是的，夫人說得對，不能怪我記性不好，而是它的名字没取好！』

王夫人也笑了起來，她給丈夫把四周的被角壓好，說：『不要再想這些事了，這幾天都是讓什麼伊犁呀、特克斯呀把你累病的，安安穩穩地靜靜心吧，等康復了再說。二哥說明天上午還會來號號脈，開張單子。』

『廉生的醫道是越來越精了。大前年我在成都也是得的這種病，川中名醫龍運甫給我開的藥方，見效也没有這樣快。我看要不了幾年，他的醫術會比太醫院裏那幾個衹會開平安單方的老太醫還要高明。』

張之洞說的廉生，就是王夫人的胞兄王懿榮，懂得點文字學史的人都不會對這個名字陌生。十多年後，就是這個王懿榮，憑着他對醫藥學的興趣和深厚的文字學根底，因一個偶然機會，發現了商朝時期我們的祖先刻在龜板和牛胛骨上用以記事的文字，爲中華民族文明史的研究作出了不可估量的貢獻，從而被尊稱爲甲骨文之父。但現在他衹是翰林院的檢討，一個七品小京官。

『二哥反覆說了，要靜心休養，不要勞神。』

『我一直在養病，没有勞神。』

『没有勞神？』王夫人嗔道，『没有勞神，怎麼又會想起特克斯了呢？』

『唉！』張之洞嘆了一口氣，眼睛盯着對面的墻壁，好長一會兒没有做聲。

墻壁上衹掛着一幅畫。這畫是王夫人娘家祖上傳下來的，題爲《林泉歸隱圖》，乃明代大畫家文徵

明的真跡，是王夫人的陪嫁之物。王夫人順着丈夫的目光，看了一眼《林泉歸隱圖》，想起了去年丈夫對她說過的一句話：『咱們也學文徵明，去歸隱林泉吧！』她馬上接言：『好哇，到哪裏去歸隱呢？是去你的老家南皮，還是去我的老家福山呢？』見丈夫不再吱聲，王夫人笑着說：『歸隱好是好，可你的那番志向呢？』張之洞沈吟半晌，說：『看來，還不到歸隱的時候。』從那以後，再不提歸隱的事了。眼下莫不是又動了這個念頭？王夫人的目光從《林泉歸隱圖》上轉回，深情地望着凝神不語的丈夫。

在通常人的眼裏，張之洞的長相算不上一個英俊的男子漢。他是自古多豪傑的燕趙人的後裔，却没有燕趙豪傑高大雄壯的身軀。他的個頭甚至不及中人，肩窄腰細，手無縛鷄之力。他的臉形五官也長得不好。臉是長長的，下巴尖尖的，眉毛粗短，兩隻眼睛略呈長形，鼻子却又大得出奇，粗看起來，猶如泰山鎮魯似的壓在長眼與闊嘴之間。衹有與他朝夕相處的夫人，纔真正知道其貌不揚的丈夫的魅力所在。她知道丈夫矮小身軀裏滾動的是真正燕趙豪傑的血液，不起眼的眉宇之間，藴藏了許多人所不及的學問見識。

她試探着問：『你想什麼呢，是不是又想學文徵明去歸隱？』

『你說到哪裏去了！我是放心不下啊，不知崇厚與俄國人談到什麼程度了。崇厚那傢伙一向怕洋人，又不熟悉新疆的情況，我擔心他會栽在俄國人的手裏。』

『四爺。』王夫人笑着說，『依我看，這國家大事你還是少操點心爲好。上有皇太后、恭王、醇王各位王爺，下有軍機、六部、九卿各位大員，現在還輪不上你這個小小的洗馬費心，安安穩穩養好身體，日後做了侍郎、尚書再說吧！』

『不能這樣說！』張之洞跟夫人認起真來，『古人云天下興亡匹夫有責，洗馬雖然官職低，比起匹夫來不知高了多少；何況崇厚這次跟俄國人談的是收復國家領土的大事，我怎能不關心！』

『好了，好了，我不跟你爭辯了！』宦門出身的王夫人既深知朝廷命官與公務之間的關係，又深知丈夫素以國事爲身家性命的脾性，便主動退了下來。『至少這幾天不要去想這碼子事，完全康復了再說。天已黑下來了，我去把藥端過來，喝了藥，躺下睡覺吧！』

王夫人正要起身，春蘭走進門來說：『老爺，寶老爺、張老爺和陳老爺來了。』

『噢，是他們來了，快請！』張之洞一邊說，一邊掀開棉被。王夫人趕緊將一件玄色緞面羊毛長袍給丈夫披上。

剛邁出卧房門，內閣學士寶廷、翰林院侍講張佩綸、翰林院編修陳寶琛便走進了庭院。

未待主人開口，精明靈活風度翩翩的張佩綸便先打起招呼：『香濤兄，聽春蘭說，你近來身體不適，好些了嗎？』

張之洞答：『在床上躺了幾天，今下午開始好多了。』

『什麼病？』矮矮胖胖長着一張娃娃臉的陳寶琛端詳着主人說，『纔幾天，就瘦多了。』

張佩綸、寶廷和陳寶琛是這裏的常客，且爲人和張之洞一樣的通脱平易不拘禮節，故王夫人不迴避他們，這時走出卧房，笑着說：『黑夜來訪，必有要事，快進客廳坐吧。祇是有一點，他的傷風病還沒好，不要談久了。』

『好厲害的嫂子，還没説話哩，就先下逐客令了。』張佩綸笑嘻嘻地說。

這個出生於河北豐潤的三十一歲青年，確實不同庸常。他博學强志，文筆犀利，尤爲難得的是，

他嫉惡如仇，敢作敢爲。朝中的重臣，各省的督撫，凡有人做了他認爲不該做的事，他都敢上摺參劾，並不畏懼會遭到打擊報復。很多人怕他恨他，更多人則喜歡他敬重他。他這樣無所顧忌，居然官運亨通，通籍不過七八年，便已經是從四品的翰林院侍講了。

光緒三年，朝廷爲穆宗神主升祔的事頗爲棘手。因爲太廟祇有九室，而這九室分別由太祖、太宗、世祖、聖祖、世宗、高宗、仁宗、宣宗、文宗的神主佔滿了，慈禧的親生兒子、十九歲去世的同治皇帝廟號穆宗的神主擺不進去，廷臣們爲此事議論紛紛：有的建議再建一個太廟，有的建議在原太廟的左右再擴建幾室。張佩綸上書提出一個辦法。他説可倣傚周朝爲文王、武王建世室的成法，爲太宗文皇帝建一世室。大清一統江山，實際上是太宗打下來的，他理應享受這種特殊的禮遇，今後可將前代神主依次遞遷太宗世室。

這個主意，既通過建世室崇隆太宗的做法，來頌揚皇太極入關進中原的歷史功績，又解決了眼下穆宗神主升祔的實際問題，同時也一勞永逸地解除了後顧之憂，得到兩宮太后的嘉許，予以採納。張之洞也想到了這一層，也給朝廷上了兩道內容相近的奏摺，他後來讀到張佩綸的摺子後，深覺自己講的没有張佩綸的透徹。他感嘆說，不圖鄭小同、杜子春復生於今日！於是親自登門拜訪，與這個比自己小十來歲的年輕人訂交。

陳寶琛拉着張之洞的手對王夫人說：『香濤兄的手還是冷的，確實未復原，按理我們看看就該走了，但今晚有一件特別重大的事，我們要在這裏多賴一會，請嫂子原諒。』

矮矮胖胖的陳寶琛祖籍福建，和張佩綸同年，也是個愛管閒事的人。他模樣生得敦敦厚厚，寫出的文章却尖利苛刻，讀起來有一種痛快感。

寶廷笑嘻嘻地望著王夫人說：『請嫂子法外施恩，這件事的確重大得不得了！』

寶廷是清初八大鐵帽子王鄭親王哈爾朗濟的九代孫，真正的黃帶子。滿人入關二百多年了，努爾哈赤的後裔們久享榮華富貴，既不屑於以學問詩文博取功名，連老祖宗的刀槍騎射也棄之不顧，他們可以通過各種途徑輕輕巧巧地進入官場。但寶廷不這樣，他走的是一條漢族讀書人的艱難科舉之路。他由舉人而進士，由進士而翰林，是黃帶子中極爲少見的正途出身的官員。

王夫人無可奈何地說：『我知道，你們談的都是國家大事，哪一次談的事都很重要，衹是這國家又不是你們幾個人的，用得着你們這般苦苦操心嗎？我不管你們了，外面冷，快進客廳吧！』

張之洞擺擺手，請客人進他的客廳。客廳設在坐北朝南的正房裏。正房共有四間。東邊的一間是藏書室，四壁立着頂天接地的木架，木架上陳放着一函函書籍卷册。房間裏擺着兩張大木桌，桌上也堆滿了書，有的正攤開着，看來這些都是主人近來正在使用的書籍。藏書室過來，便是主人夫婦的卧室。再過來一間，面積最大，這是主人平時讀書治事之處。一張極大的書案擺在窗户邊，上面放着讀書人慣常使用的文房四寶和幾册《皇朝經世文编》。另有兩個博古架很引人注目。架子上擺滿了破破爛爛的陶罐、泥碗，銹跡斑斑的箭鏃、刀柄，殘缺不全的瓷瓶、銅盆，乍然來到面前，如同走進了出土文物陳列室。另一壁墻上掛着一幅字，是一首七律：『心憂三户爲秦虜，身放江潭作楚囚。處處芳蘭開涕淚，年年寒橘落沙洲。嬋媛興嘆終無濟，婞直危身亦有由。宋玉景差無學術，僅傳詞賦麗千秋。』字跡筆酣墨飽，勁拔灑脱。熟悉書法的人一眼便可看出，這字學的是蘇體：結體雖不及蘇字的匀稱，而其中的舒張意氣，或有過之。這是主人的墨跡，録的也是他自己憑弔屈原的詩作。

東邊的小間即客廳。客廳布置得簡樸莊重。當中放一張大理石桌面的深紅色梨木長方桌，四周擺着六張明式雕花高背紅木椅。靠墻邊擺着兩對帶茶几的半舊楠木太師椅。最顯眼的是客廳中高懸的一畫一字。畫面上一男子長髮長鬚佇立茅屋中，兩眼怒視窗外，雙手後背，其中一隻手上緊握一管羊毫，胸前的書案上殘燈如豆，一紙平攤。畫上首題着三個字：鋤奸圖。顯然，畫上的男子是明朝以彈劾嚴嵩出名的兵部員外郎楊繼盛。這畫出自主人的好友翰林院編修吳大澂的手筆。字録的是孟子的一句話：『居天下之廣居，立天下之正位，行天下之大道，得志與民由之，不得志獨行其道。』左下角有一行小字：與香濤賢弟共勉高陽李鴻藻書於三省齋。

進了客廳剛坐下，張佩綸便說：『香濤兄，你看了今天的邸抄嗎？』

『没有。』張之洞摇摇頭説，『我有幾天没看邸抄了。今天的邸抄上有什麽大事嗎？』

『哎呀，大得不得了！』張佩綸邊説邊從袖口裏取出一份邸抄來，甩在桌子上，説，『崇厚那傢伙把伊犁附近一大片土地都送給俄國了！』

『有這等事？』張之洞忙拿起邸抄。『我看看！』

陳寶琛走到張之洞的身邊，指着邸抄左上角說：『就在這裏，就在這裏！』

張之洞的眼光移到左上角，一道粗黑的文字赫然跳進眼簾：崇厚在里瓦几亞簽署還付伊犁條約。

『條約有十八條之多，不必全看了，我給你指幾條主要的。』張佩綸邁着大步，從桌子對面急忙走過來，情緒激烈地指點着邸抄上的文章，大聲唸道，『伊犁歸還中國。其南境特克斯河、西境霍爾果斯河以西地區劃歸俄國。』

『豈有此理，豈有此理！』張之洞氣憤地說，拿邸抄的手因生病乏力和心情激動而發起抖來。

『豈有此理的事還多着哩！』張佩綸指着一條唸道，『俄國在嘉峪關、科布多、烏里雅蘇臺、哈密、烏魯木齊、吐魯番、古城增設領事館。』

『爲何要給俄國開放這多領事館？』張之洞望着站在一旁的陳寶琛責問。那情形，好像陳寶琛就是崇厚似的。

陳寶琛板着臉孔没有做聲。

張佩綸繼續唸：『俄商可在蒙古、新疆免税貿易，增辟中俄陸路通商新綫兩條。西北路由嘉峪關經漢中、西安至漢口，北路由科布多經歸化、張家口、通州至天津，開放沿松花江至吉林伯都納之水路。』

『這是引狼入室！』張之洞氣得將手中的邸抄扔在桌上。

『還有一條厲害的！』張佩綸不看報紙，背道，『賠償俄國兵費和恤款五百萬盧布，折合銀二百八十萬兩。』

『啪！』

張之洞一巴掌打在大理石桌面上，刷地起身，吼道：『崇厚該殺！』

張佩綸和陳寶琛、寶廷都嚇了一跳。他們知道張之洞是條熱血漢子，但這些年還未見過他發這麼大的脾氣。

正在卧房燈下讀詩的王夫人也大吃一驚，不知發生了什麼事，忙不迭地朝客廳跑來。還未進門，又聽見丈夫激憤的聲音：『中國的土地一寸都不能割讓出去！他崇厚算個什麼東西，有什麼權力可以這樣出賣國家的領土！』

王夫人進門來，衹見張之洞正靠在桌子邊站着，敞開羊皮袍，雙手叉在腰上，臉色煞白，額頭上冒着虛汗。她嚇得心裏發顫，忙過來扶着丈夫：『什麼事氣得這樣？』

又轉過臉問張佩綸等人：『剛纔爲的什麼事？』見他們都不吱聲，又問：『你們吵架了？』

陳寶琛把綳緊的臉竭力和緩下來，勉强露出一絲笑容，對王夫人説：『崇厚在俄國簽了賣國條約，香濤兄正在爲此事生氣哩！』

王夫人放下心來，將丈夫敞開的皮袍扣上，對着門外喊：『春蘭，給老爺打盆熱水來！』

一會兒，春蘭端着一盆熱水走進客廳。王夫人親自從臉盆裏拿出面巾擰乾，給丈夫擦去額頭上的汗，一面輕聲地説：『你的病還没好哩，怎麼能動這麼大的氣！』

寶廷起身走過來説：『嫂子説得對，不要冒火，我們平心静氣地談。』

張佩綸説：『剛纔怪我，我也太激動了，心裏氣不過。』

熱毛巾擦過臉後，張之洞的心緒平静多了。他坐下，喝了一口熱茶，説：『伊犁本是我們自己的土地，當年俄國是趁火打劫，强佔去的，歸還我們理所當然，我們爲何還要拿土地和銀子去跟他們換呢？這不太欺負人了嗎？』

『正是這話！』張佩綸也坐下來，剛纔激憤的心緒也慢慢平緩了。『二百八十萬兩銀子已是毫無道理的勒索了，還要特克斯河、霍爾果斯河一帶的土地。你們知道，這片土地有多大嗎？』

不待别人開口，張佩綸自己作了回答：『我量了一下地圖，這片土地寬有二百來里，長有四百來里，共八萬多平方里的面積。』

陳寶琛説：『這比一座伊犁城不知大過多少倍了，與其這樣，還不如不收回。』

『這能叫談判嗎？』寶廷冷笑道，『這整個一割地投降！』

張之洞又氣憤起來，高聲罵道：『崇厚這個賣國賊，比石敬瑭、秦檜還壞！』

王夫人見丈夫又動氣了，心疼地說：『四爺，你要自己愛惜自己。二哥一再叮囑不要勞神，不要生氣，你不聽勸告，剛好的病又會犯的。』

不料，張之洞竟哈哈笑了起來，說：『夫人，我要感激剛纔發的脾氣，多虧出了這身汗，我現在竟然大好了，一點病都没有了。』

說罷站起來，在客廳裏來回走了幾步。他真的覺得自己神志清爽，脚步有力，七八天來的病痛一掃而光了。

他快活地對春蘭說：『你去準備夜宵，今夜我和幾位老爺有大事商量。』

深知丈夫脾性的王夫人無奈地對着張、陳等人苦笑着說：『真是拿他没辦法，衹要有件大事在他面前，他立刻就會精神陡長；事情一完，也就癱倒在床了。』

說罷帶着春蘭出門張羅去了。

張府客廳裏，四個地位不高却對國事異常關心的官員繼續談論着。四人一致認爲，崇厚所簽訂的這個條約決不能答應，同時決定辦兩件事。一是約集一批志同道合者在城南龍樹寺開一個會，聲討崇厚的賣國罪行，聯合上一個摺子給太后、皇上，懇請否定這個喪權辱國的條約。二是四人每人各自再上一個摺子，詳細地申述對此事的看法。

直到子初時分，張之洞纔用自家的馬車將張佩綸、陳寶琛和寶廷送出府門。

二　京師清流黨集會龍樹寺

城南宣武門外龍樹寺，一個聲討崇厚賣國罪行的小型集會就要在這裏召開。出席這個集會的，除張之洞、張佩綸、陳寶琛、寶廷外，還有近年來在京師官場頗爲活躍的幾個人物，他們是總理各國事務衙門大臣李鴻藻、刑部尚書潘祖蔭、翰林院侍讀黃體芳、江南道監察御史鄧承修、翰林院編修吳大澂，還有張之洞的內兄王懿榮。這是京師官場上一個鬆散的團體，除鄧承修一人外，其餘的全是翰林出身。他們身份最爲清華，關心國事，議論朝政，崇尚氣節道義，憎惡貪官污吏；在對外交涉中主强硬態度，反對妥協。這些共同的志趣把他們結合起來了。他們常常在一起討論國家大事，也常常采取聯合上摺的手段來表述自己的觀點，在官場上形成了一股不可忽視的力量，朝野內外將他們比之於前代那些負時望的清高士大夫，稱之爲清流黨。『流』與『牛』諧音，於是人們又戲稱之爲青牛黨。青牛之角是張佩綸、張之洞，青牛之尾是陳寶琛，青牛之肚是王懿榮，青牛之鞭是寶廷，其餘者是青牛之皮毛，而牛頭則是給張之洞題字的高陽李鴻藻。

歷史上有個有名的高陽酒徒酈食其，但他的籍貫高陽却不在直隸。這位直隸高陽李鴻藻既不飲酒，又不張狂，是一位粹然純正的理學門徒。李鴻藻二十二歲中進士入翰苑，三十歲充任時爲皇子的載淳的師傅。載淳登位後，慈禧命他值班弘德殿，依舊每天爲小皇帝授書，不久入值軍機處，升禮部右侍郎。這時，他的母親病逝了。

依當時的規定，朝廷官員的父母去世，本人應開缺回籍守喪，三年期滿後再申報朝廷，等待補缺。喪期不但無官職，且無俸銀，又影響以後的升遷，這是官員們都不願意遇到的事情，故而甚至有匿喪

不報的事情發生。儻若這個官員正肩負着特殊的使命，不能離開，朝廷便會命他移孝作忠，不離職守。這是朝廷對個別臣工的一種極其特別的禮遇，通常的情况下是絕對得不到的。皇帝正在求學階段，功課不能躭擱，兩宫太后援雍正、乾隆年間大臣孫嘉淦的故事，命李鴻藻衹守百日喪，百日後仍授讀弘德殿，並參軍機。但李鴻藻不領皇太后這份情，堅持請求開缺回籍守喪。太后不允，他請大學士倭仁替他代爲奏請。太后還是不允，命恭王親自到他府上慰勉。這樣大的一個面子，李鴻藻仍不領，再次上摺，聲稱自己方寸已亂，身心俱碎，不能授讀，衹能回籍。兩宫太后拿他這個書呆子真没辦法，衹得同意。

過幾年，慈禧母親去世，方家園承恩公府大辦喪禮。這正是文武官員們向大權獨攬的西太后討好巴結的良機，所有官員都去弔唁，競相送上厚禮，獨獨身爲協辦大學士兵部尚書的李鴻藻不去。慈禧心裏雖不悦，但也不好説他什麽。

李鴻藻便這樣以他的迂直正派年高德劭而受到崇尚義理的官員和士大夫們的敬重，自然而然地處於清流黨的領袖地位。今天，他以六十歲的高齡早早地來到龍樹寺，方丈通渡法師歡天喜地接待着這位鬚髮皆白的活菩薩。

京師清流黨的骨幹們常常聚會議事，但一般都在達智橋衚衕裏的楊忠愍祠，這是因爲他們都崇仰以文字來跟嚴嵩作鬥爭的楊繼盛，那位明代前賢是他們心中的偶像。這段時期楊祠正在修繕，於是他們想起了龍樹寺。

龍樹寺在京師衆多古刹中並無多高的地位。它一無年代久遠或用材名貴的佛身寶像，二未藏有唐代寫經或宋代木槧佛經，三缺天竺西域傳來的貝葉經文。它之所以引起張之洞、張佩綸等人的興

趣，是因爲後院有一片半畝地大小的牡丹園。今年暮春他們來此觀賞牡丹，正是牡丹盛開的時候。但見姚黄魏紫，争奇鬥艷，果然大飽眼福；又見寺院清幽，方丈通渡待客殷勤，於是對龍樹寺很有好感。

昨天上午，張之洞便來到龍樹寺，一則要早點通知寺裏，讓和尚們做好準備；二則要藉這塊清静之地修改已擬就的奏章初稿。下午，張佩綸、陳寶琛、寶廷、吴大澂、王懿榮等人也先期到了。

通渡對這次集會表現出極大的喜悦，從昨天上午聞訊開始，全體寺僧便忙忙碌碌地準備了。通渡的熱情，並非因爲集會的内容是愛國，而是因爲來賓身份的顯赫高貴。尤其是李鴻藻，前朝的帝師，本朝的協揆，若不是衝着龍樹寺，衝着龍樹寺的牡丹園，一個普普通通的老和尚，這一輩子能見到如此大人物嗎？何况還可以面對面地與他説話，親手端茶遞水招待他哩！

除開一個潘祖蔭外，其他人都已到了。聽説李鴻藻來到，大家都走出寺門，簇擁着老中堂進了龍樹寺衆僧布置一新的雲水堂。衆人坐定後，小沙彌給嘉賓擺上棗糕、餑餑、棒糖等糕點，又給每人衝了一碗茉莉花茶。

通渡笑眯眯地對大家説：『諸位大人請嘗一嘗龍樹寺的糕點，看看它與市面上賣的有些不同没有。』

愛吃零食的黄體芳忙拿了一小塊棗糕來吃。他邊嚼邊説：『是不錯，比别的棗糕香些。』

通渡十分滿意地説：『這位大人真的是品糕點的高手。龍樹寺的糕點與衆不同，每種糕點裏都摻有牡丹花瓣粉。』

衆人聽到這句話後都來了興趣，遂一齊凝神望着通渡。通渡興致高漲，不無自得地説：『每年四

月間，龍樹寺的牡丹相繼開放了。紅的，黃的，白的，紫的，光彩閃亮，就像佛祖把身邊的祥雲送給了我們。但過不了多久，花瓣就一片片地枯萎掉落，大家都很惋惜，眼看着這些美麗無比的花瓣化爲泥土而無法挽救。第十代方丈浩光法師是個最靈慧的高僧，他從丹皮入藥的常識中得到啓示。心想，丹皮既然可以做藥吃，那麽丹花也可以入膳。於是他號召衆僧把掉下來的牡丹花瓣拾起來，洗淨曬乾碾成粉末和進饃饃裏。果然，蒸出的饃饃芳香撲鼻，味道好極了。再把牡丹粉末加進其它糕點中試試，也一樣地又香又好吃。後來，浩光法師又將幾棵年代久遠，不能再開花的牡丹皮剥下來曬乾，自製丹皮，每天合着茉莉花茶一塊兒喝。浩光法師就這樣越活越精神，越活越爽朗，直到高壽一百零三歲纔無疾圓寂。今天給各位大人端的糕點裏便都加了牡丹粉，茉莉花茶裏也有丹皮。各位大人不妨嘗嘗。』

通渡這番富有文采和感情的話，激起各位清流們的雅興，於是都拾起一塊棗糕或是餑餑、糖塊品嚐起來，果然清香芬芳，味道的確與平日吃的不大相同。又啜一口丹皮花茶，雖然剛入口時有一種淡淡的苦味，但喝下去後便覺得口腔裏回味無窮。大家都叫好。

張佩綸笑著說：『龍樹寺有這麽好的東西，我們給你宣傳宣傳，你們也可以藉此賺點錢，爲衆僧謀點福祉。』

這正是通渡所巴望的事！他就是希望這些顯貴們替龍樹寺宣揚宣揚，好提高龍樹寺的名氣，把牡丹茶點推出去，那麽龍樹寺的日子就好過了，僧衆也會活得體面些。

通渡忙合十道謝：『阿彌陀佛，多謝大人們擡舉，若蒙大人們替敝寺說話，那真是敝寺的福分！』

年已花甲的李鴻藻對浩光活到一百零三歲一事特別在意。他問通渡：『寶刹的丹皮對外賣不賣？』

通渡答：『全力保護牡丹園，這是龍樹寺代代相傳的寺規，不是老邁不開花的牡丹，决不能挖來取皮，故而寺裏所存丹皮很少，不外賣。』

『噢——』李鴻藻遺憾地拖長着聲調。停了片刻，他又問，『用藥店裏賣的丹皮泡茶，有没有這種效果？』

通渡明白過來，原來這位老中堂想學浩光，喝丹皮茶求長壽。他的腦子很快轉了一下，說：『龍樹寺的丹皮有一種不同的製作方式，寺裏規定不能外傳，請老中堂寬恕。老中堂今後可派人收購未經製作的丹皮，送到龍樹寺來，貧僧親手爲老中堂炮製。這樣製出的丹皮，與龍樹寺土生土長的丹皮也不會相差太大。』

『行。』李鴻藻高興起來，立即說，『明天我就打發人送丹皮來，煩法師爲我如法炮製，我一定重金酬謝！』

通渡忙彎腰合十，答：『如法炮製應該，重金酬謝不敢。』

天不怕，地不怕，專參大員的廣東人鄧承修插話：『請問法師，寶刹的牡丹園有多長的歷史了？』

通渡摸摸光秃秃的頭皮，想了一會兒說：『有二百多年了。龍樹寺的開山祖師弘遠法師是河南洛陽人，酷愛牡丹，託人從家鄉捎來花籽，開闢了這個牡丹園。第四代方丈浮波法師是山東菏澤人，也是個從牡丹之鄉裏出來的，他在牡丹園裏撒下菏澤牡丹的花籽。從那以後，這片牡丹園裏既開着洛陽牡丹，又開着菏澤牡丹，天長日久，洛陽牡丹中夾雜着菏澤牡丹，菏澤牡丹中夾雜著洛陽牡丹，漸漸地，洛陽菏澤便融爲一體了。』

說到這裏，通渡哈哈大笑起來，各位清流也都大笑起來。

李鴻藻說：『過會兒我們都去觀賞觀賞你這融洛陽與菏澤爲一體的牡丹園。』

『謝老中堂賞光！』通渡興奮不已，『明年牡丹花開的時候，敝寺一定恭迎老中堂和各位大人前來賞花喝丹皮茶。』

大家衆口一辭：『一定來，一定來！』

正在興高采烈的時候，潘祖蔭坐着華貴的綠呢大轎進來了。

這位温文爾雅衣著考究的五十歲尚書，可不是一個尋常人物。他有一位身爲狀元、帝師、大學士的祖父，自己又是探花出身，官運亨通。一般文人所擁有的長處，如琴棋書畫、鑒別古董等技藝，他樣樣比別人出色，更兼勇於言事敢於參人，自然而然地受到京師士大夫的景仰，隱然坐了清流黨的第二把交椅。不過，這位事事得意的大官却有一個深深的隱痛，那就是他年已半百却膝下空虛。無兒無女怪不得別人，毛病出在他自己的身上，原來他是一個天閹——先天性的功能不行。好在他性格開朗，並不在意，也不忌諱。清流黨中流傳一個笑話。

有一天，他家裏幾個清客和他聊天。有人說：『潘大人，你這大年紀還無兒女，我們都替你着急，多拿點銀子出來，買兩個妾吧，也好早爲你接續香火！』

潘祖蔭斜了一眼這個清客：『你們着什麼急？明明曉得我是天閹，還勸我買妾。買得妾來還不是便宜了你們這班龜孫子？我纔不那麼蠢哩！』

清客們哈哈大笑，他自己也忍不住笑了起來。

這位吳縣才子雖沒有子孫替他傳香火，但他自信他的文章能爲他傳名後世。

他的文筆的確好。京師官場上誰都知道他有一件值得驕傲的往事。

二十年前，正是江南一帶朝廷的軍隊和太平軍激戰的時候，現在威名赫赫的左宗棠，那時還衹是湖南巡撫駱秉章身邊的一個師爺。這位左師爺心高氣傲，瞧不起平庸的文武官吏。永州鎮總兵樊燮來巡撫衙門辦事，左宗棠不僅用言語嘲諷他，還用脚去踢他。樊燮不能受這個窩囊氣，一狀告到朝廷。咸豐帝也很氣憤，下令要湖廣總督官文處理此事，若屬實則將左宗棠就地正法。左宗棠的朋友時爲翰林院編修的郭嵩燾急壞了，他請翰林院侍讀潘祖蔭上疏救援。潘祖蔭久聞左宗棠大名，遂很用心地寫了一道爲之辯護的奏章，其中兩句最爲精彩：中國不可一日無湖南，湖南不可一日無左宗棠。後來咸豐帝赦免了左宗棠，再後來左宗棠不斷建立功勛，這兩句話便不脛而走，傳遍全國，潘祖蔭的名聲也便跟着傳遍天下。

今天會議的主持人張佩綸一邊笑着迎接潘祖蔭，一邊說：『你遲到了半個時辰，按照老規矩，應受罰。或罰酒，或罰詩，你自己挑！』

李鴻藻也笑着說：『伯寅呀，你今天是怎麼回事，害得我這個老頭子都要等你！』

潘祖蔭對着衆人拱拱手說：『李中堂，各位同寅，潘某今天遲到了，按規矩是該罰，但我若說出原因來，想必中堂和各位都不會再罰我。』

『再大的事，還能與今天討伐崇厚賣國罪行的事相比嗎？我看是罰定了！』說話的是寶廷。

『竹坡不要先說死了。』潘祖蔭望了一眼乾瘦的寶學士後對大家說，『諸位今天不是要討伐崇厚嗎，我給你們帶來了崇厚一條新的大罪。』

潘祖蔭的一句話把大家的精神全都提上來了，一齊瞪着大眼聽他的下文。

『昨天翁師傅對我說，崇厚未經朝廷允可，擅自離開俄國，已坐上洋人的輪船，正在回國的途中

了。』

潘祖蔭説的翁師傅，就是現充任光緒帝師傅的翁同龢。

『有這等事？』張之洞瞪大眼睛望着潘祖蔭。

『我也和香濤一樣感到奇怪：一個出使大臣，没有朝廷的旨令，怎麽能擅自離開職守？』潘祖蔭接過通渡親手遞過來的丹皮茉莉花茶，慢慢地吮了一口後，接著説，『爲證實這件事，我今天繞道去了總署，當面問了王夔石。他對我説確有其事。王夔石還説，崇厚之所以急着趕回來，是因爲他的四姨太下個月初五三十大壽，他要趕回來給姨太太做壽。』

『無耻之尤！』張之洞情不自禁地又是一巴掌打在桌面上，震得丹皮茶水從碗裏濺了出來。

通常情况下，一個下級官員是决不可能在上級官員的面前拍桌打椅發脾氣的，何况身旁還坐着一位德高望重的協辦大學士。但一來龍樹寺的集會不是正規的官場議事，二來這些清流都是熱血之士，易於激動，情緒上來的時候，常常有越軌的言行出現，大家司空見慣，並不在意。

『崇厚這傢伙太可惡了，簡直目無朝廷，目無王法，大家看該怎麽辦吧！』張佩綸氣得兩腮筋鼓鼓的。用不著他這個主持人再作開場白再行鼓動了，潘祖蔭的這個消息一下子就把會議的情緒煽到高潮。

『我看這事再没有二話可説的了。第一，立即由總署具函，表示不承認崇厚所簽署的條約。第二，通知上海海關，崇厚一登岸即予拘捕。』矮矮瘦瘦的鄧承修首先發言，他的粤語官話鏗鏘有力，就像平日參劾摺中的用語一樣。

短短幾年裏，鄧承修一連參劾總督李瀚章、左副都御史崇勛無品無行，參劾侍郎長叙違背朝制，

參劾學政吳寶恕、葉大焯，布政使方大瀓、龔易圖，鹽運使周星譽疏於職守，甚至參劾軍機大臣寶鋆、王文韶老邁昏聵，請太后罷斥不用。更令人驚駭的是，他竟敢彈劾左宗棠，説左言辭誇誕，舉措輕率。鄧承修這一連串的參劾，激起官場極大的反響。那些做了虧心事心中有鬼的官員們，提起這個被稱之爲『鐵漢』的廣東御史來，個個心裏又恨又怕。

『鐵香兄説得對！』精於文字音韵學、擅長繪畫的吳大瀓立即接上鄧承修的話。『現在要緊的是辦第一件事，籲請太后絶對不要批准這個喪權辱國的條約。』

『你説是喪權辱國，有人還説是大節不虧哩！』潘祖蔭邊説邊從袖筒裏摸出一個精緻的琥珀鼻煙壺來，在鼻孔邊不停地來回移動。

『誰説的？真是喪心病狂！』一直没有開腔的陳寶琛也忍不住了。

見潘祖蔭欲説又止的神態，李鴻藻催道：『伯寅，是誰説的這個話，你快講呀！』

潘祖蔭放下琥珀鼻煙壺，略停片刻後説：『翁師傅説，昨天下午，合肥相國在軍機處休憩間裏聊天時説，崇地山與俄國人訂的條約，喫虧是喫虧了，但他也是没有辦法，誰要我們當時同意讓俄國人進駐伊犁城，答應今後重謝哩，要説俄國人於保護伊犁城全然無功，也説不過去。』

『酬謝頂多衹能送銀子，不能割土地。』資格最淺官階最低的王懿榮插話。

『人家俄國人看中的正是土地。』潘祖蔭望了王懿榮一眼，接着説下去，『合肥相國説，一則我們國力弱，打不過人家；二來伊犁城附近那些土地也不值幾個錢，讓一部分出去損失不大，待我們把海防建起來，國力强大了，再向俄國人索回來。』

『李少荃這個人成天就是海防海防的。』李鴻藻摸了摸下巴上稀疏的花白長鬚，不緊不慢地回顧歷

史。『光緒元年，左侯平定關隴，將要出嘉峪關進軍新疆時，李少荃就率領一班子人大呼塞防可鬆，海防要緊。説什麽自高宗定新疆以來，歲靡數百萬白銀，這是朝廷度支的一大漏卮，現今竭天下之力供養西軍，大不合算，應將軍費用來購買洋人製造的海輪。左侯堅決反對李少荃這種無視西北邊地的荒謬言論，上書太后説，如果不趁着平定關隴之軍威恢復國家對新疆的治理，那麽日後新疆不爲英國所侵佔，即爲俄國所吞併，我左宗棠決不能眼看着國家的土地淪爲異域。太后壯左侯之言，又加之文中堂全力支持，李少荃的保海防丢塞防的主張纔未得逞。現在又舊調重彈了，他眼裏從來就没有國家西北領土的位子。』

『李鴻章打着海防的名義，實際上是擴大淮軍和他自己的實力。』

鄧承修一針見血的插話，博得了衆清流的一致喝彩。

潘祖蔭説：『李少荃還説過這樣的話：崇地山身爲欽差大臣，可以便宜行事，他有權在條約上簽字。既然簽了字，就應該照條約辦，不然，外國人就會説我們説話不算數，今後再也没有人和我們簽約了。』

『荒謬透頂！』鄧承修氣得虎虎地站起來。『這簡直就是秦檜講的話！』

張佩綸立即接言：『看來，崇厚的後臺就是李鴻章，二人是一丘之貉，得一道參！』

『好！』衆人鼓掌歡呼。

龍樹寺的和尚們見城裏來的這些大官員，在雲水堂裏又是拍桌打椅，又是鼓掌喝彩，集會半天了，興趣也不減，不知他們究竟在議論什麽事，一個個懷着滿肚子好奇心，在門邊窗口前探頭探腦的。通渡生怕這些没見過世面的和尚得罪衆位大老爺，便下了一道命令，不准寺内的僧人靠近雲水堂；又命

厨房趕緊準備午飯，要把這桌齋飯辦得格外豐盛，好藉他們的口爲龍樹寺的膳堂傳名，以便明年牡丹花事期間引來更多的遊客，爲寺裏多賺些香火銀子，年終每人也好多分幾個零花錢。和尚們聽後，忙得更起勁了。

李鴻藻端起丹皮茶碗喝了一口，一本正經地對大家説：『我炎黄子孫世世代代休養生息在這塊土地上，三王之治開創了百姓安居樂業的太平世道，周公孔孟諸聖賢將三王之治搜羅整理，損益增删，載於簡册，代代遵循，遂成爲我華夏民族百世不刊之經典。漢代的文景之治，唐代的貞觀之治，乃至國朝的康乾之治，莫不是依循周公孔孟之道而成就的。』

見盟主在講演安邦治國的大道理，衆清流都正襟危坐，肅然諦聽。

『這些年國家多事，内患頻仍，外敵侵凌，之所以造成如此局面，追根溯源，皆因朝野上下背離了周公孔孟之道。眼下正需要我君臣一心，上下一致，正綱紀，整吏治，務農桑，薄賦税，振興大清之時，孰料一些人惑於洋人之奇技淫巧，屈服於泰西之堅船利砲，以爲我大清若要强盛，衹有學洋人傚西法，十餘年來大肆鼓吹所謂洋務，所謂夷政，這決不是導我國家民族中興的正道，最終必將滅我華夏之文明，毁我大清之家園。早在同治初年，倭艮峰中堂就指出過：立國之道，尚禮義不尚權謀；根本之圖，在人心不在技藝。可惜當年被人肆意曲解，無端指摘。其實，這纔是真正的深謀遠慮，老成謀國！諸位現在看清了，正是那班子崇洋媚外之徒在賣國喪權，踐踏我堂堂中華之尊嚴。所以，老朽今天要提醒大家一句：我們要守定一條宗旨，那就是閉口不談洋務，而且要告誡子孫後代也决不能談洋務！』

寶廷忙擁護：『李中堂這番話是真正的金玉良言，我們就是要守定祖宗的成法，决不能讓洋務派

坑害了國家！』

陳寶琛說：『我看李中堂閉口不談洋務這句話，應成爲我們的一條準則，今後要以此作爲正與邪的試金石，誰若談洋務，我們則與之割蓆分道！』

黃體芳說：『我將弢庵的話點明白：誰談洋務，誰就是禍國殃民的姦邪小人；誰不談洋務，誰就是尊聖敬祖的正人君子。』

『對！』

『說得好！』

衆清流一致讚賞這句話。

吳大澂激動得站起身說：『我們不但不談洋務，而且還要不用洋人的東西。凡洋人所造的一切，我們都不用：洋布不穿，穿我們自織的土布；洋傘不撐，撐我們自製的油紙傘；洋油燈不點，點我們自己的桐油燈；洋槍洋砲不打，打我們自造的鳥槍土砲！』

『好！』

『好！』

吳大澂充滿着激情的一番話，又贏得了大家的掌聲。

王懿榮猛然想起自己身上戴了一隻懷錶，馬上從上衣口袋裏取出，對大家說：『上個月，我給楊儒星使看病，病好後他送我這塊洋人造的懷錶。我今天帶來，原是爲便於限時做詩。現在就按清卿兄所說的，從今以後不用洋人的東西，當衆把這塊懷錶交出來。』

說着往桌上一扔，一塊銀光閃閃的懷錶滑溜溜地滾到桌子中央。慢慢停穩後，張之洞看清懷錶殼

上刻着一隻雙頭鷹。這些日子來他對俄國的事情十分關注，一看便知道這是俄國的國徽，於是說：『這塊表是俄國的。』

今天衆人的仇恨，說到底就是衝着俄國而來的，現在看到這隻刻有雙頭鷹的俄國錶，就如同看到了可惡的俄國人一樣，恨不得將他抽筋剝皮。吳大澂一把抓過，憤怒地說：『要它計什麼時？我們做詩，還是按老辦法：點香計時。砸掉它！』

說罷，並不徵求王懿榮的意見，便死勁將錶往地下一摔。錶砸在青磚地上，發出清脆的響聲，然後不停地滾動着，但並沒有破碎。

站在門邊的通渡對洋人造的鐘錶一向佩服得很。前年，一個英國人來龍樹寺看牡丹，也有這麼一塊懷錶，通渡對之垂涎欲滴。他做夢都想有一塊這樣的懷錶。當王懿榮將錶扔到桌面上時，他的兩隻眼睛便死死地盯着那個圓傢伙。吳大澂將錶摔到地上時，他心疼得就像把他的私房銀子丟到河裏去一樣。錶沒有摔破，他暗暗慶倖。當錶慢慢滾到他的腳邊時，他終於忍不住將錶拾起，雙手合十，對着衆人彎腰鞠躬：『這塊錶，各位大人老爺不要，就發發慈悲，賞給龍樹寺吧！』

吳大澂說：『那不行！龍樹寺用俄國的錶，龍樹寺不成了賣國寺嗎？』

說罷，從通渡手裏搶過懷錶，又狠狠地向地上一砸，玻璃錶面被砸得粉碎，兩根指針也不知飛到哪裏去了。通渡看着這一慘相，口裏不停地默唸：『阿彌陀佛，阿彌陀佛！』

張之洞心裏也覺得吳大澂此舉過分了一點。俄國人固然不好，但俄國人造的錶畢竟比燃香滴漏的計時要準確。官員士人表示愛國，可以不用，出家人用用也未嘗不可；砸爛，總是可惜了。但大家在激情之中，他也不便一人獨唱反調出來制止，想想錶修理後還可再用，便對通渡說：『法師把這塊爛

錶撿起來，扔到廢物堆裏去吧！』

通渡是個聰明人，立即明白了張之洞的意思，忙彎腰把錶撿起，又四處找那兩根小針。他趴在地上，東尋西尋，終於把兩根小針都尋到了，便像揣着寶貝似的出了門。

主持人張佩綸見大家的情緒已到了最高潮，遂抓住時機將聚會的主題深入下去。他站起來說：『諸位，張香濤抱病擬了一個關於伊犁條約的摺子，現請他向各位宣讀。』

張之洞說：『看了邸抄上登載的伊犁條約後，我恨不得立刻將崇厚千刀萬剮。這兩天，我草擬了一個題爲《熟權俄約利害摺》。考慮得還不成熟，請諸位幫我修改修改。摺子比較長，我擇其要點念一念。』

張之洞說罷，從袖筒裏摸出一沓紙來，念着：『竊臣近閱邸抄，因俄國定約，使臣辱命，不勝憤懣，謹將此約從違利害縷析，爲我皇太后、皇上陳之。』

龍樹寺雲水堂從剛纔的喧鬧聲中安静下來，衹有張之洞那帶有南方語音的京腔在殿堂內迴蕩。

『下面，我從十個方面向皇太后、皇上剖析不能依從和約的道理。』張之洞放下摺子，目光炯炯地望了望衆人，辭氣亢厲地說，『一不可許者，陸路通商。若讓俄人據我秦隴要害，荆楚上游，則邊圉雖防，然堂奥已失。二不可許者，開放東三省。陪京所在，關係重大。三不可許者，俄人貿易概免納税。俄人不納税，則各國傚尤，遺患無窮。四不可許者，蒙古臺站供俄人使用。內外蒙古，沙漠萬里，此天之所以限俄人也。五不可許者，允准俄人建三十六卡倫。延袤太廣，無事商往則防不勝防，有事而兵來則禦不勝禦。』

隨着張之洞斬釘截鐵的『一不可許』『二不可許』的聲音從雲水堂裏傳出，整個龍樹寺的氣氛仿

佛變得肅穆凝重起來，從窗外走過的僧人不自覺地放輕脚步，膳堂裏的和尚們自然而然地將嬉笑聲放低。通渡提着一壺滚開水走到門邊，但見李鴻藻滿臉正氣端坐不動，潘祖蔭斂容諦聽腰杆筆挺，其他各位清流或注視演講者，或低頭沈思，盡皆寂然無聲，神態肅然。龍樹寺的方丈仿佛誤入了朝廷的議事廳，提着銅壺，靠在門檻邊，不敢貿然闖進去。

『六不可許者，商賈可帶軍械。若千百之群負槍入境，是商是兵，誰能辨之？七不可許者，俄人關税取巧之處。八不可許者，同治三年已議定之邊界內侵。九不可許者，伊犁、喀什、烏魯木齊、烏里雅蘇臺、古城、吐魯番、哈密、嘉峪關准設領事館。若准此條，是西域全境盡歸俄人控制。有洋官則有洋商，有洋商則有洋兵，初則奪我事權，繼則反客爲主。第十，』說到這裏，張之洞有意停了一下，他目光威嚴地掃了一眼會場後，提高着嗓門說，『此乃最不可許者，割特克斯河、霍爾果斯河一帶八萬里土地給俄人。中華之國土，祖宗之江山，一寸都不能割讓給別人！』

『好！』李鴻藻禁不住打斷張之洞的話。『香濤這話説得好極了！中華之國土，祖宗之江山，一寸都不能割。』

『誰割讓誰就是賣國賊，就是秦檜、石敬瑭！』潘祖蔭緊接着補充。

衆清流一致點頭，表示贊同。

張之洞的奏稿本擬到這裏爲止，剛纔聽到潘祖蔭講到李鴻章說的既已簽訂便不能更改的話，臨時又想起了另一層內容，他已在心裏打好腹稿，遂氣勢凌厲地說：『朝中有人言不可改議，以爲改議則啓釁端。臣以爲此不足懼也。必改此議，不能無事；不改此議，不可爲國。』

張之洞說到這裏停了片刻，他看到李鴻藻在頻頻頷首，心中感受到一種鼓舞力量。

『臣謂改議之道有四：一曰計決，二曰氣盛，三曰理長，四曰謀定。何謂計決？無理之約，使臣許之，朝廷未嘗許之。崇厚誤國媚敵，國人皆曰可殺。伏望拿交刑部明正典刑，以治使臣之罪，以杜俄人之口。』

『痛快！』吳大澂禁不住擊節讚揚。

『何謂氣盛？俄人欺負我使臣軟弱，逼脅畫押，此乃天下萬國皆不會贊同其所爲。我國可將俄人無理之舉公之於世，讓各國評其曲直。』

『有道理！』陳寶琛邊點頭邊插話。

『何謂理長？按條約所簽，我得伊犁之空名，而失新疆八萬里之實際。如此，則不如不得。條約未奉御批，未鈐御寶，豈足爲憑！』

『正是這回事！』寶廷氣呼呼地說。

『何謂謀定？廢約之同時，我必備兵新疆、吉林、天津，以防俄國從陸路和海洋兩路來犯。左宗棠、劉錦堂皆陸路健將，足可抵禦。海路則責之李鴻章，戰而勝則酬以公侯之賞，不勝則加以不測之威。』

直到張之洞良久不再說下去，大家纔知他的奏稿已宣講完了。張佩綸動情地說：『我說句決不是媚俗的話，香濤兄之摺，真乃光緒朝五年來第一摺也！』

『此話不爲過。』潘祖蔭又從口袋裏摸出鼻煙壺來，在鼻孔邊死勁地嗅着。爲聚精會神地聽張之洞的宣講，他已經很長時間没有嗅鼻煙，此時彷彿全身散了架一般，再没有這些粉末，他簡直就活不下去了。嗅了幾下後，精神復振，他搖頭晃腦地說，『「必改此議，不能無事；不改此議，不可爲國」。

這樣的警策之句，已是多年的奏摺裏所没有了。』

張之洞聽了很高興，說：『究竟還是不可和伯寅部堂的「天下不可一日無湖南，湖南不可一日無左宗棠」相比啊！』

衆皆大笑起來。

潘祖蔭不無自得地說：『那是咸豐朝的警句，不用再提了，現在要的是光緒朝的警句。』

陳寶琛說：『我也擬了一個奏稿，但還未成文，聽了香濤兄的摺子，我深覺慚愧，回去後再好好地思索一番，要作大的改動。』

寶廷也說：『我和弢庵一樣，開了一個頭，也還未成文。』

李鴻藻摸着花白鬍鬚，帶着總結性的口氣說：『剛纔香濤這個摺子，把不可同意伊犁條約的十條道理剖析得很深透，又將廢約的理由也說得有力量，尤其是明白地提出殺崇厚以杜俄人之口、强邊防以備俄人入侵，更是義正辭嚴，慮深謀遠。此摺上去，必定會得到皇太后的重視，但僅此一摺還是單薄了。剛纔弢庵、竹坡說了，他們也正在草擬，依老夫所見，這次我們不再聯合上摺了，散會後每人都擬一個或幾個摺子，各自從不同的方面申述條約之所以不能同意的理由，並爲皇太后多出點主意，多想點辦法。這樣，幾十道摺子遞上去，必然形成一股很大的力量，促使朝廷作出廢條約殺崇厚的決定。這是椿既關係國家利益的大事，又是讓各位才子名揚史册的好事，務必要把摺子寫好！』

既利國，又利己，清流黨首領的這句話，把大家的情緒再次調動起來，雲水堂的氣氛又活躍了。

趁着這個機會，通渡忙進來對大家說：『膳堂裏的齋席早已備好，請各位大人老爺賞光！』

三　慈禧看到一個社稷之材

慈禧太后近來爲伊犁條約這樁事在苦惱地思索着。

自從辛酉年開始親秉國政，到現在將近二十年了。這二十年的歷程，真可謂艱苦備嘗。好容易將國內戰亂漸次平定下去，外患却日甚一日地壓頭而來。積二十年的經驗，慈禧深知外國人最不好對付，外事最不容易辦。她是一個秉性强悍的女人。辛酉年事變的發生，溯其原因，恰恰就是因爲外國人的原因。儻若没有先一年的英法聯軍入侵京師，哪有文宗爺倉皇秋狝木蘭？儻若不是受了那種罕有的耻辱和驚嚇，三十歲正當英年的皇上又何至於丢下她母子龍馭上賓？儻若兒子不是那麽小就即位，又何須什麽顧命大臣？儻若没有顧命大臣，又怎能有肅順等人的跋扈欺侮？幸而祖宗保佑，君臣同心，誅殺了肅順、載垣、端華，不然的話，還不知今日的局面會是什麽模樣！二十年來每每想起當年那些充滿着驚濤駭浪的日日夜夜，慈禧心裏不免有點餘悸。這一切的原由，歸根結底都是因爲洋人造成的。一提起洋人，慈禧便惱怒萬分，恨不得將那些藍眼睛高鼻子的番夷們千刀萬剮。

但是，剮洋人談何容易！庚申年的和談，連年不斷的教案，明明都是洋人無理，但到頭來，又都是中國喫虧。就説這次伊犁之事吧。當初俄國派兵進駐伊犁城，並非循中國之請，而是趁火打劫，意欲長期佔領。現在新疆收復，俄國理應從伊犁退兵，將它歸還中國，至於這些年來俄國在伊犁所耗的兵費，中國祇能酌情出一部分，怎麽能以此爲要挾呢？對於這些不公平的中外交涉，作爲一個執政者，慈禧心裏當然清楚，這是因爲中國弱洋人强的緣故。派遣崇厚出使俄國簽約的時候，慈禧心裏已存着必定喫虧的準備，但俄國的貪心這樣大，中國爲收回伊犁城而付出的代價這樣高，她却没有料到。

現在崇厚已在俄國簽約了。他是欽差大臣，專爲辦理此事而去，自然可以簽字。邸抄將條約內容公佈這幾天來，廷臣中反對者甚多，慈禧自己也不情願，有一種被人欺負的感覺。也有一部分人同意按條約辦，李鴻章是這一派的代表。他們的理由也不能忽視：簽而又廢，是出爾反爾，俄國人固然惱火，但各國對此也會有看法。俄人國力强大，一向横暴，若以此爲藉口挑起戰爭，中國不是對手，其損失必將更大。國家的軍事要務在東南海防，新疆乃荒瘠之地，於大局關係不大，眼下看的確是吃了虧，也祇宜隱忍圖强，纔是惟一出路。

對慈禧來説，這又是一道非常棘手的難題。皇帝尚祇有九歲，當然不能讓他過問此事；慈安太后一向對軍國大事拿不出主意，商量也是白費工夫，參與軍國大事的王公貴族主要是兩個人：軍機處領班大臣六爺恭王奕訢和皇帝的父親七爺醇王奕譞。兩人於此事的看法截然對立：奕訢主張承認崇厚所簽的條約，奕譞堅決反對。

慈禧知道，在外事上，兩個王爺的態度歷來是針鋒相對的。奕訢主柔，意在羈縻；奕譞主硬，對洋人全面排斥。八年前，在天津教案的處理上，兩兄弟這種對立的態度表現得最爲明顯。奕訢認爲，天津教案曲在愚民不明事理，行動過火，中國應予以賠款、道歉、殺兇手、嚴辦地方官。奕譞則認爲，津案完全是洋人引起的，津民是義民，不僅放火燒教堂做得對，而且要藉此良機，將洋人在北京的使館全部搗毁，將中國領土上所有洋人盡行趕走，永遠與洋人斷絕往來。權衡再三，慈禧還是接受了奕訢的意見，命令曾國藩按『柔』的原則儘快平息天津教案。結果，津案雖然較爲平静地處置了，

但全國言論界一片嘩然，直接辦事人曾國藩得了個漢奸賣國賊的稱號，慈禧和奕訢的臉面上也很覺不光彩。相反地，奕譞則受到士人們的普遍讚譽，誇他是個愛國的賢王。

作爲國家的最高主宰，伊犁條約使慈禧又一次被推到一個尷尬的兩難境地。

她心裏仇恨洋人，巴望中國永遠不跟洋人打交道，從而免掉無窮無盡的煩惱。因此她頗爲欣賞奕譞的態度，打算拒不承認崇厚所簽的喪權辱國的條約。

她心裏也同樣害怕洋人，明白中國決不是洋人的對手，洋人也決不會放棄在中國所獲得的利益，那麼衹有給洋人以好處，采取息事寧人的態度來換得洋人的歡心。因此，她也想采取過去那種以退讓求安寧的態度，承認崇厚所簽的條約。

當年衹因處罰幾個地方官，曾國藩就被罵爲漢奸賣國賊，現在將八萬平方里的土地割讓出去，這賣國賊的罪名不要千秋萬代傳下去嗎？慈禧想到這一層上，心裏又不安起來。她決定把此事交給王公勛戚、六部九卿、翰詹科道等全體廷臣公議。

廷臣們對此事反響强烈，摺子一道道地由内奏事處送到慈禧的手裏，除很少的幾道奏摺贊同崇厚外，絶大多數的奏摺都是持反對態度，其中尤以李鴻藻、潘祖蔭、寶廷、張佩綸、陳寶琛、吳大澂等人的言辭更爲激烈。他們的態度很是一致：除開不贊成條約各款外，還要嚴懲崇厚。對於這些人的共同態度，乃至相近的用語，慈禧不感到奇怪。『清流黨』這個名目，她早已耳聞。

慈禧並不喜歡清流黨。那班子人仗着自己學問文章好，出身清華，高自標榜，傲視同僚。他們常常對朝廷作出的重大決策表示不滿，引來幾百年上千年前那些早已化爲腐泥的死人的幾句話，和從發黄發黑的故紙堆裏搜尋前代舊事作爲根據，批評朝廷這也不對，那也不對，以表示自己的高明；有時

本來並不是什麼大事，他們偏偏要上升到國家民族的大義上去，又常常擡出列祖列宗來爲自己的言論撑腰打氣。慈禧對這些清流們的摺子討厭得很，經常看到一半便氣得摔到地下，心裏狠狠地説：『風凉話誰不會説，給件實事讓你們辦辦，看你們有幾多能耐，八成不如人家！』

清流黨的爲人處世，慈禧也看不慣。他們高談什麼存天理滅人慾等等，在慈禧看來，這完全是虚僞，世上的人有誰能真正做到？就衝着他們的首領李鴻藻不去弔唁她母親這件事，慈禧心裏就窩着一肚子氣。但是，慈禧又不能得罪他們。他們是按孔孟程朱之理在説話，在按列祖列宗之教在辦事。孔孟程朱、列祖列宗是不能唐突的。更重要的是，作爲一個富有權術的統治者，慈禧深知這班子人在政壇上的必要性，她需要他們作力量上的平衡，更需要利用他們去達到自己不便公開表明的目的。

長毛平定後這十多年來，慈禧已隱隱地感到帶兵的將帥和地方的大吏有漸漸坐大的趨勢。曾國藩在世的時候，因爲他本人對朝廷很恭順，使得别的立功將帥和督撫尚不敢放肆。自從曾國藩去世後，這種趨勢便日甚一日地明顯了，他們的總代表便是文華殿大學士、直隸總督李鴻章。李鴻章的功太大了，權也太大了，而且衹有五十多歲，就像當年對待曾國藩一樣，慈禧對李鴻章，也是既重用又防範。李鴻章這些年來辦洋務，與洋人打交道，貽人口實很多，攻擊他最力的便是那班子清流黨。一讀到指責李鴻章的摺子，慈禧便來了興趣。她仔細閲讀，並記下李鴻章的缺失之處，然後，或在接見李鴻章時，略微點出一兩樁來，或乾脆將摺子發給他自己看，以此來打一打李鴻章翹起的尾巴，殺一殺他自以爲是的氣焰。對李鴻章來説，這一招往往很起作用。

有些大員，或者觸犯了慈禧，或者慈禧對他聖眷已衰，於是慈禧便將所掌握的有關他們私德不佳

的材料，通過各種渠道向清流黨透露一些，清流們得知後便立即上章彈劾。這些彈劾奏章正中慈禧下懷，一道諭旨下來，或降或革，障礙掃除了，又得到一個善待言路明察秋毫的美名。

還有些實在惡劣的大官顯宦，那是敗壞朝政的蠹蟲，慈禧當然也痛恨，清流黨彌補都察院的失職，起來糾劾，查明後革職嚴辦，也是肅清朝政贏得民心的一樁好事。

就這樣，慈禧一面利用實權在手的官吏們爲她辦事行政，一面又利用御史和清流黨爲她監督防範。十多年來，她靠玩弄這兩手來平衡政局，鞏固自己的地位。

現在，她決定采納大多數人的意見，並利用這班清流黨的激情來發泄自己對俄國人的惱怒。李鴻藻這批人不愧爲飽學之士，又加之情感充沛，寫出來的奏章的確比別人的要精彩得多，慈禧讀起來也覺得有點興致，不像讀往日那些不對胃口的摺子那樣令她吃力。就連張之洞的長篇大論，她也從頭至尾地仔細看了，又特爲將其中的要點再瀏覽一下。慈禧的記性很好，如此一閱一覽，張之洞這道摺子，便差不多完整地留在她的腦子裏了。

一連讀了幾道摺子，實在是累了，慈禧朝門外叫了一聲：『小李子！』

『嗻！』李蓮英應聲掀簾而入，彎下腰，以一種半男半女的特殊嗓音答着，『奴才在這兒哩。』

『咱們出外兒遛遛圈子吧！』

『嗻！』

如同練過輕功似的，李蓮英快步疾趨，一瞬間便來到慈禧的面前，沒有發出半點脚步聲。他雙手攙扶起慈禧，輕柔而有氣力，使慈禧覺得很舒服。來到門邊時，李蓮英對着一個守候在旁的小太監說：『告訴大夥兒，太后要出外遛圈子了。』

慈禧喜歡隨意散步，她管這種散步叫遛圈子。早晚飯後，她是必定要遛圈子的，平時坐久了，她也會走出暖閣外遛圈子。慈禧遛圈子時，祇有李蓮英一個人陪着，而離她十來步外，則有一大班子太監跟着。這些太監有的端椅，有的拿傘，有的捧茶，有的背藥囊，最後一個小太監，則提着一隻漆得金黃發亮的馬桶。不管太后走遠走近，這班子太監都照例遠遠地跟着，儘管慈禧通常不用他們手裏的東西，但他們都絶對忠於職守，不敢有絲毫懈怠。

慈禧在養心殿後院慢悠悠地隨意走着，有時也將兩隻手輕輕地上下甩動。李蓮英緊跟在後，與她保持着一步的間隔。慈禧不召喚，他便一直這樣跟着，不遠不近，始終祇有一步的距離，這是李蓮英多年練就的功夫。跟在太后的後面，看着她的走路姿態，這是李蓮英永遠也不會厭倦的最美好的享受。

西太后真美！李蓮英常常發自內心地這樣讚嘆着。然而，太后畢竟也是四十多歲的人了，再怎樣精心打扮，眼角眉梢間的皺紋也無法抹平，與宮內許多年輕的妃子、宮女相比，太后無可奈何地要顯得略遜一籌。但如果從背面看，則不是這樣。太后至今没有發福，她的匀稱的身段依然如妙齡少女樣的胖瘦得宜，她烏黑發亮的頭髮令許多如花似玉的宮眷自嘆不如，尤其是她那花盆底下的步履，不偏不倚，不緊不慢，那一閃一扭的細腰，活像一條柳枝在擺動，真有說不盡的輕盈、優雅、婀娜多姿；若專比背影的話，西太后毫無疑問地要壓倒群芳，獨佔魁首。

『小李子，上前來。』正當李蓮英陶醉於太后美麗背影的欣賞中時，慈禧召喚了。

他忙大跨一步，走到慈禧的肩旁：『奴才在這裏聽吩咐哩！』

『有什麼好聽的事兒嗎？說一段給我聽聽。』

慈禧長年閉在深宮，成天看的無非是黃封奏本、歷代御批，以及大內的幾座宮殿和頭頂上那片窄窄的天空，成天聽的都是千篇一律的唯唯諾諾、没有絲毫情感成分在內的請安問候，成天打交道的都是幾個身居高位的大員，以及身邊這一群呆頭呆腦動作笨拙的太監和愁眉苦臉懷春不遇的宮女，於是在閒着的時候，她便叫李蓮英講點宮外的趣聞、市井的俗事和百姓的笑話聽聽，解解悶。

李蓮英知道慈禧的這個脾性，便時常打發宮內的太監到外面去搜集這些材料，貯藏在肚子裏，隨時應付垂詢，故而常常能使慈禧得到滿足；有些好聽的笑話，她聽後也會開懷大笑。笑話帶給慈禧的樂趣，要勝過大臣們送上的珍珠瑪瑙。這也是李蓮英能得到慈禧寵信的原因之一。

『奴才說個有趣的事兒給太后解解乏。』李蓮英緊挨着慈禧，用跟慈禧一樣長短的步伐一邊走，一邊口齒伶俐地說着，『前兩天，奴才奉命去軍機朝房辦事，恰逢軍機處各位大人在閒聊天。沈大人端着水菸壺咕嚕嚕地吸了兩口後，半眯着眼睛對大夥兒說，我講個笑話給你們聽聽。於是其他幾位大人都不閒聊了，圍過來聽沈大人的。沈大人說，那年林文忠公在家宴請客人。宴席正要開始的時候，林文忠公忽接急報，出府辦公事去了。客人們等了半個時辰尚不見主人回來，餓極了，便不顧禮節，大吃大喝起來。林文忠公的一個幕僚看到這群食客的狼狽吃相很是可笑，便想了一個主意來挖苦他們。幕僚說，大家邊吃，我給你們說個故事。』

李蓮英說到這裏，停了一下，他見慈禧在專心地聽，便繼續說下去：『前明洪武年代，有個大富翁，名字叫沈萬三……』

『沈萬三這個人我知道。』慈禧插話，『他的錢比朝廷的還多，結果被朱洪武給殺了。』

『正是，正是。太后真是什麼都知道！』李蓮英忙恭維。他知道慈禧今天的興致極好，便有滋有

味地說下去，『沈萬三之所以有錢，是因爲他家裏有個聚寶盆。放一錠金子進盆裏，便立即有一盆子金子；放一顆珍珠進盆裏，便立即有一盆子珍珠。於是，沈萬三的錢財堆積如山，比朝廷的還要多。而他的鄰居卻是一個窮光蛋，常常愁吃愁穿。有一天又揭不開鍋了，他想起了沈家的聚寶盆，便與沈萬三商量，要借來用一用。沈萬三不肯，鄰居說盡了好話。沈萬三煩了，說，好吧，看在鄉鄰的分上，借你用一次，用完後立即歸還。鄰居歡天喜地把盆子拿回去。到家後他犯難了：家裏一樣值錢的東西都没有，拿什麼放到盆子裏去呢？他妻子抱着兒子站在一旁也幫着他想。兒子餓得大哭大鬧，很不安分，一不小心，掉進了聚寶盆。妻子忙把兒子抱出。兒子剛一離盆，盆裏又是一個餓得大哭的兒子；再抱起，盆裏還是有一個；一連抱起四五個，盆子裏還有一個大哭大鬧的兒子。鄰居氣道，先想弄出幾個錢來用用，卻不料拱出一群餓癆鬼來！剛說到這裏，正在大吃大喝的客人們都哄堂大笑起來。』

『不錯！不錯！』慈禧也『哧哧』地笑出聲來，她用一條粉紅色的手絹掩住半邊嘴。『林則徐身邊竟有這等機靈的幕僚，難得。』

『奴才聽說，有些個督撫府裏的幕僚，比朝廷的命官還機靈，還能辦事。』李蓮英突然覺得這話似乎有點出格了，忙閉住嘴，一邊偷看太后的反應。

『是這樣的。據說當年曾國藩手下就有一大批會辦事的幕僚。』

見慈禧没在意，李蓮英懸起的一顆心落了下來，忙恭維道：『奴才遠遠地見過曾國藩一面，滿朝都說他對太后忠心耿耿。』

『曾國藩是一個真正的社稷之臣，可惜死早了。』慈禧自言自語。她停住脚步，將目光停留在宮門

第一章 [illegible]

[illegible — page severely faded; body text not legibly reconstructable]

[illegible]

[illegible]

[illegible]

前那棵千年古柏上良久，似乎在思索什麼。『不説這個了，我要進去躺會兒。』

説罷，轉過身子，向養心殿後門走去。剛走到東暖閣簾子邊，衹見內奏事處的佟太監正捧着黃緞包裹的奏章匣子肅立一旁。李蓮英因爲聽到剛纔慈禧説了句『躺會兒』的話，估計她此時不想看，便對佟太監説：『太后要休息，過會子再送來。』

『誰的摺子？』慈禧一隻脚已跨進門，順便問了一句。

『外奏事處的趙老爺説，是司經局洗馬張之洞的。』佟太監恭順地回答。

『噢，張之洞又有摺子。』慈禧將另一隻脚停住，想了一下説，『遞上來吧！』

『喳！』佟太監答應一聲，跟在李蓮英的後面，隨着慈禧進了東暖閣。

李蓮英輕輕地問：『太后，您不休息了？』

『我在床上躺着，你唸給我聽。』

兩個宮女上來，將慈禧扶上床，脱掉鞋子，又去掉外褂，然後給她蓋上一件薄薄的褚黃色絲被。

慈禧半躺在鳳床上，微微地閉上眼睛，對李蓮英説：『唸吧！』

李蓮英接過佟太監遞上的奏章匣，打開黃緞，從匣子裏取出張之洞的奏章來，一字一句地唸着：

『詳籌邊計摺。竊臣於本月初五日曾上一疏，備論俄約從違利害。臣前疏之意，以急修武備爲主。竊揆朝廷之意，亦未嘗不以修武備爲是，而似不免以修武備爲難。』

慈禧的雙眼睜開了一點。張之洞這幾句開頭語正説中她的心思。武備是要修，但不容易修，且聽這個洗馬如何説。

『二十年來邊備一無可恃，遂覺中國大勢斷不足以禦强鄰，不得已而講和。臣愚以爲無備則不能言

戰，無備則不能講和。』

『是的，無論戰與和，都得有備。』慈禧在心裏點了點頭，贊同這兩句話。

『臣愚以爲，今而言備，當有可備之兵，可備之人，可備之餉。』

慈禧聽到這裏，坐了起來，説：『「兵」和「人」的話不必念了，你把「餉」這段念給我聽聽。』

『喳！』李蓮英的目光在奏章上迅速地瀏覽着，然後盯在籌餉這段上：『籌餉若何，北洋所需，本有海防經費，新疆所需，本有西征專餉，東三省餉項可於南洋海防經費，或於各關提存二成內酌撥。』

海防經費，西征專餉，關稅提成，這些還用你張之洞來説嗎？慈禧的眼睛重新微閉起來，且耐着性子聽下去。

『邊防各重鎮增兵之餉從何而來？各省營勇現存不下數百營，臣以爲節腹地之虛糜，即可供邊軍之騰飽。擬請敕下各省督撫酌量裁撤，大約汰四存六，而邊餉出矣。』

各省營勇裁去四成！這是個主意。內地戰事早已平定，但各省仍保留着大量兵勇，不僅耗去大批錢糧，且惹是生非，又無形中助長疆臣坐大的氣焰。慈禧早已對此很不滿，但苦於難以處置，現在正可藉防俄之題目來做這篇文章。慈禧的雙眼重新睜開了。

『此外，若倍徵洋藥稅，歲可得三四百萬。』

加倍徵收洋藥關稅，榨一下洋人。慈禧在心裏想了一下，不覺高興得説出了口：『這是個辦法！』

『第三，酌提江廣漕摺運脚，亦可得二三十萬。第四，整頓淮綱，杜絕私商，所得亦不下四五十萬。』

『不要唸了，我自己來看！』慈禧一挺身從床上坐起來，慌得宮女們忙上前給她披衣服，李蓮英趕緊把摺子遞過去。

慈禧接過摺子，將下面未唸部分飛快看下去：『籌餉事理，尤在度支得人，侍郎閻敬銘長於綜覈，理財有效，朝野咸知，今雖養疴山居，並非篤老，閻敬銘之心何嘗一日忘天下哉！若蒙温旨宣召，動以時艱，喻以大義，該侍郎豈忍堅辭？得閻敬銘以理度支，朝廷當不憂匱餉矣！』

慈禧心裏猛地一震，放下摺子，嘆道：『不料張之洞一個清流，竟有經濟之才！』

原來，這些年來慈禧鑒於洋人的欺凌，很想把大清的軍隊訓練得强大起來，無論是東南的海防軍，還是西北、東北的塞防軍都應强大。中國不缺兵：百萬兵丁，招之即來；也不缺統兵之將：李鴻章是海防的好首領，左宗棠是塞防的强統帥。要想加强軍事，眼下最缺的是餉項，是銀子。各省不是報災，便是哭窮，應該向朝廷上繳的賦稅一拖再拖，一減再減，每年能上交五成，就算好督撫了。户部面對這種局面束手無策，又想不出生財之道。許多强兵的好設想，皆因户部無錢而告吹。

張之洞提出的籌餉之策，不僅爲當前防備俄國提供了餉銀的保证，而且也爲今後的强兵强國開闢了多條財路。尤其重要的是，他提醒了慈禧，應該儘快起用閻敬銘。閻敬銘是一個理財能手，這點慈禧早就知道，但此人性格古怪，幾年前便因與同僚合不來，辭去工部侍郎的職務，回籍養病去了。這些年來，慈禧的腦子裏也漸漸地將閻敬銘給忘記了。是的，應該儘早起用！

清流黨中的張之洞，居然能够關注經濟，注重實務，誠爲難得。慈禧仿佛從張之洞的身上看到當年曾國藩的影子。朝廷需要能辦事的良吏，也需要講風骨的賢臣，若有人能像曾國藩一樣，兼良吏與賢臣於一身，那就是真正社稷之才。張之洞是這樣的人才嗎？慈禧頭靠在精美絶倫的鳳床花格上，開

始思索起來。

清朝的規矩，皇帝不召見四品以下的官員。因此，從五品的司經局洗馬張之洞儘管爲官近二十年了，却没有得見天顔之機。若是一個尋常的五品小官，慈禧自然不可能有印象，但張之洞不同尋常。他爲官之初，便得到過慈禧的格外聖眷。近二十年來，慈禧的目光也時常在關注着他。

這中間的緣由，要説起來，話就長了。

四 慈禧欽點張之洞爲癸亥科探花

道光十七年，張之洞出生於父親張瑛的任所——貴州興義府的知府衙門裏。

張瑛的祖上在明永樂年間，由山西洪洞縣遷到直隸，後定居南皮縣。明清兩朝，南皮張家都出過不少官員。張瑛的曾祖、祖父均做過縣令。張瑛本人二十歲中舉，但接連三科會試未第。清代定制，三科未第的舉人可以得到一種優待，即這類人再進行一次考試，其中成績一等者享受進士待遇，外放知縣。這種選拔方式，叫做舉人大挑。張瑛即因大挑而放到西南邊隅貴州安化縣，後遷古州同知，積勞擢升興義知府。

張之洞天資聰穎，在父親、塾師的嚴格督促下發憤讀書，十三歲便一舉考取秀才。十六歲那年他來到原籍參加順天鄉試，高中第一名。鄉試的第一名又稱解元，十六歲的少年解元，在科舉史上極爲罕見。有多少讀書人年屆不惑，還在爲取得生員的資格焚膏繼晷；又有多少讀書人，兩鬢斑白還在爲舉人的功名伏案苦讀。而張之洞，衹用了十六年的光陰，便順利地邁過許許多多人一輩子還走不完的科場苦旅！一時間，這個出生在知府衙門裏的小少爺成了全國矚目的神童。

不料此後的十年，神童張之洞在通往會試的途中却連遭不利。

先是太平軍的北伐部隊進逼直隸，京師震動，寄居親戚家的張之洞無法在京師安心讀書，便離京回到父親任職的興義府。接着，興義府被受太平軍影響而起事的鄉民所包圍，失去了讀書的安靜環境。不久父親病故，他必須守喪三年。喪期滿後，正遇上己未科會試，張之洞正擬參加，孰料他的堂兄張之萬被派爲會試同考官，他不得不循例迴避。他的這位堂兄張之萬可不是一個簡單人物，是道光丁未科的狀元。丁未科在近代史上被稱爲名科，因爲這一科裏考中李鴻章、郭嵩燾、沈桂芬等人，張之萬的試卷壓倒這些名流，可見他必有過人之處。第二年，朝廷爲咸豐帝三十歲舉行萬壽恩科，張之萬又被派爲同考官，張之洞無可奈何地再次迴避。

待到同治元年，好不容易進京參加會試時，距中舉已是九個年頭了。因爲少年科場的順利，因爲九年的意外折騰，也因爲有這位狀元堂兄的榜樣在前，從小抱負甚大、自視甚高的張之洞，決心要在這次會試中大魁天下。他極用心地做好八股文、試帖詩，文章花團錦簇，詩句珠圓玉潤。他對高中懷着必勝的信心。他的試卷落到一個名叫范鶴生的房師手裏。范鶴生見到這份試卷激賞不已，認爲文筆有《史》《漢》之風，亟力向主考官推薦。却不料主考官並不賞識，張之洞落第了。范鶴生爲之惋惜，親到張之洞下榻的客棧看望。范師是個性情中人。他一面安慰門生不要灰心，明年恩科再來，一面又爲科場誤人的歷史和現狀憤憤不平，説到動情處，淚流滿面。張之洞心中十分感激。

那時，張之萬正署理河南巡撫，便邀請堂弟來開封居住，一來好温習經史，二來也可幫衙門擬點文稿，藉以歷練。張之洞代堂兄起草了幾份奏摺都很得體，其中尤以一道關於漕務的奏疏寫得更好，受到慈禧的嘉許。她在奏疏上親自批了八個字：直陳漕弊，不避嫌怨。張之萬一直因自己兩度做同考官，使得張之洞失去兩次會試機會而不安，見到硃批後心想：不可埋没堂弟的功勞，應該告訴太后，使太后對堂弟有個好印象，這對於下科會試的録取和今後的仕途都有好處。於是，張之萬在不久後的另一道摺子裏，順便提到了漕務之摺乃堂弟張之洞所擬。就這樣，身居深宫的慈禧太后第一次知道世上有個見識和文筆都不錯的張之洞。

第二年，躊躇滿志的張之洞再次會試，詩文比上年更加光彩耀目。人世間也真有巧事。范鶴生這年再度出任閲卷官，而張之洞的試卷則又一次落到他的手裏。儘管名字被糊去，但精於辨文的范鶴生一讀便知這是場屋中最好的文章。他給予很高的評價，又四處揄揚，極力薦舉。發榜時，張之洞被取中一百四十一名貢士。當張之洞的名字被高聲唱讀時，范鶴生又驚又喜，欣慰無比。復試時張之洞心情極好，臨場才思泉涌，竟然榜列一等一名。

幾天後殿試對策。策論的題目是：制科之設與國家拔取人才論。這是一場決定進士等級的重要考試。少年得志的張之洞發舒胸臆，不襲故常，恨不得將平生才學和滿肚子要説的話一古腦倒出來。他指出當今人才缺乏，是因爲太拘資格，科目太隆，又加之捐納雜駁，魚目混珠，故朝廷下詔天下推舉將才時，應者寥寥。又直言當今天下大患在貧，吏貧則黷，民貧則爲盜，軍貧則無以爲戰，請求皇上親倡節儉，除積習，培根本，厚風俗，養民生，致富裕。

張之洞祇圖直抒心聲之痛快，却不料作爲一篇場中之文，已大大出了『四平八穩』的常格，大多數閲卷官不喜歡這道策論，主張將其列爲三甲之末。然而主考官、大學士寳鋆却很欣賞。他力排衆議，將張之洞列爲二甲之首，即第四名。按慣例，主考官將前十名進呈皇帝，由皇帝親自圈定名次。通常皇帝都不作改動，按主考官所呈上的名次圈定。但剛剛垂簾聽政的二十八歲的慈禧太后，却不是

一般的執政者，她頗思有所作爲，並有自己的一套主張。

青年時代的慈禧頭腦明白，辦事認真。和清朝歷代當國者一樣，她對科舉也十分看重，不僅僅是爲了籠絡讀書人的心，也的確希望從中選拔出真正的人才來，使之經過一段時期的歷練後，成爲國家的幹才。她仔細閱讀了張之洞的應試策論，並不覺得文章有什麽出格之處，至於直指時弊，則更爲難能可貴。慈禧記起幾個月前他代河南巡撫所擬的關於漕務的奏疏，聯繫到他十三歲進學、十六歲領解的經歷和父死任上、堂兄狀元的家風，隱隱地覺得這道策論的主人，正是一個可堪造就的人才，便提起硃筆，將張之洞的名字由第四名勾到第三名。不要輕看了這一個名次之差的改動，它的意義真可謂非比尋常。

原來，殿試録取的進士分爲一甲二甲三甲三等。一甲三名，俗稱狀元、榜眼、探花，又稱該科鼎甲，瓊林宴上，單獨坐席位，用的是銀碗玉箸。其他的進士則八人一桌，用的是瓷碗竹箸。出午門遊金街後，衆進士要送他們三人先回寓所，纔各自回到下榻處。不僅風光不同，出身有別，更重要的是實惠相差甚大。

所有進士都想進入翰林院。翰林清華，遷升又快，最爲士人所羡慕。一甲三名可免試直接進入翰林院，授修撰或編修之職，而二甲、三甲則要通過朝考後擇優録取，三年後散館再授編修或檢討之職，在年資上低了三年。這樣，一甲三名所佔的好處就大爲超過二甲和三甲。

金榜張貼之後，欣喜萬分的張之洞按慣例去主考寶鋆府上謝恩，寶鋆遂把慈禧改動名次一事告訴了他。張之洞受慈禧如此重的恩眷，真有肝腦塗地無以爲報之感。就是從那一刻起，年輕的癸亥科探花心裏湧出一股强烈的情感：今生今世永遠忠於太后，忠於朝廷，鞠躬盡瘁，報効國家！

拜謝了主考寶鋆後，張之洞又來到房師范鶴生的家裏，感謝他的兩度知遇之恩。白髮蒼蒼的范鶴生見到這位英氣勃勃的新門生哈哈大笑，説：『不謝，不謝！若真要言謝的話，我倒是要感謝你。是你的才華和造化，給我這個老頭子在科場上留下一段佳話。我范鶴生平生一無所成，不因爲有了你這個門生，後人哪裏會知道我。香濤呀，那天揭開糊名後，衆人見又是你，滿闈歡呼。紛紛向我恭賀，都説這是本朝從没有過的異事。王少鶴太常説，人生有此之樂，勝過得仙！我聽了這話，愈加高興，寫了幾首小詩，給你看看。』

老頭子從屜子裏拿出一紙信箋出來，遞給張之洞。張之洞雙手接過，看那上面寫了四首七律：

十年舊學久荒蕪，兩度春官愧濫竽。
正恐當場迷贗鼎，誰知合浦有遺珠。
奇文共説袁子才，完璧終歸藺大夫。
記得題名初唱處，滿堂人語雜歡呼！

苦向閒階泣落英，東風回首不勝情。
亦知劍氣難終停，未必巢痕定舊營。
佳話竟拼成一錯，前因遮莫訂三生。
大羅天上春如海，意外雲龍喜合併。

一謫蓬萊跡已陳，龍門何處認迷津。

適來已自驚非分，再到居然爲此人。
歧路劇愁前度誤，好花翻放隔年春。
群公浪説憐才甚，鐵石相投故有神。

此樂何應衹得仙，太常箋語最纏綿。
早看桃李森佳殖，翻爲門墻慶夙緣。
名士愛才如共命，清時濟治正需賢。
知君別有拳拳意，不獨文章艷少年。

張之洞捧着這一頁載着滿腔愛才之情的沈甸甸的信箋，激動得兩眼閃動着淚花。回到寓所後，他徹夜難眠，寫了三首五律，答謝范師的如山之恩、如海之情。

十八瀛洲選，惟公薦士誠。
不才晚聞道，因困轉成名。
己賦從軍去，重偕上計行。
天知陶鑄苦，更遣作門生。

滄海橫流世，何人惜散才。
嶔奇爲衆笑，湔祓有餘哀。
疊中憑摸索，孤生仗挽回。

朝門多徹喜，應恨不同來。

十載棲蓬累，輪困氣不磨。
殿中今負疇，江介尚稱戈。
一介雖微末，平生恥婞嫛。
心衡甄拔意，不唱感恩多。

范鶴生讀了張之洞的這三首詩後懇摯地説：『寫得好，寫得好！我知道你有大丈夫之志，不是尋常之才，「知君別有拳拳意，不獨文章艷少年」，説的就是這個意思。你今後若能成爲國家的棟樑柱石，那就是對我的最大的報答了。』

張之洞説：『門生一定會把恩師的訓示刻在心上，一輩子謹記不忘！』

不久，這段佳話傳到慈禧耳裏。慈禧也很高興，特賞范鶴生楠木如意一柄，以示對他一片公心爲國掄才的獎勵。

四年後，張之洞出任浙江鄉試副主考。他以范師爲榜樣，盡職盡心地爲國家選拔人才。浙江鄉試結束後，張之洞奉旨放湖北學政。三年學政生涯，他本着『不僅在衡校一日之長短，而在培養平日之根柢；不僅以提倡文學爲事，而當以砥礪名節爲先』的宗旨，整頓湖北學風，創立了經心書院，引導士人研習經學、史論、詩賦、雜著，提倡經世致用之實學。湖北學政任期滿後，張之洞回到翰林院。又過了三年，他外放四川鄉試副主考。考試結束後，留在四川任學政。督學四川期間，他一本湖北學政時的宗旨，倡導樸素實用的學風，並創辦了尊經書院。就是這座尊經書院，日後造就了巴蜀之學，

對中國近代的學術風氣影響甚大。

光緒二年，張之洞結束四川學政之任，重返翰苑。在浙江巡撫和四川總督的奏疏中，慈禧太后知道張之洞在勤勉供職，實心辦學。張之洞回到京師後，關心時務，勇於言事，他的名字常常與李鴻藻、張佩綸等人的名字一道播於人口，慈禧自然知道他。而給慈禧印象最深的，還是今年五月間在那樁轟動朝野的屍諫案中，張之洞的卓越表現。

五年前，年僅十九歲親政剛剛一年的同治皇帝載淳忽染重病，慈禧爲此心急如焚。十多年來，慈禧一心指望把兒子培養成爲一個剛强決斷、敢作敢爲的帝王，就像開基創業的列祖列宗那樣，幹出一番轟轟烈烈的大事，一洗道咸以來的疲憊懦弱，重振大清王朝的雄風。兒子親政以後，頗有幾分母親的英豪之氣，慈禧心中寬慰，她決定還幫襯兒子幾年，直到他完全成熟，能獨立無誤地處理國事爲止。誰知兒子病入膏肓，一卧不起，當御醫悄悄把實情告訴她的時候，一個重大的不容展緩的現實問題迫使她壓下心中的巨大悲痛，冷静下來思索着誰來接替帝位的頭等大事。

同治皇帝没有兒子，按照子以傳子的家法，應當在他的侄兒輩裏挑選一個人出來，但他没有親兄弟，也就没有親侄子，挑選的目光不得不擴大到道光皇帝的曾孫輩，即咸豐皇帝親兄弟的孫輩上。咸豐帝孫輩爲溥字輩，溥字輩至今衹有咸豐帝長兄奕緯的孫子溥倫一人，但溥倫又不是奕緯的親孫。奕緯無子，繼承他爵位的乃是乾隆皇帝十一子永瑆的曾孫奕紀，溥倫是奕紀的孫子，血統已經很遠了。顯然，溥倫不是合適的人選。

慈禧排除溥倫之後，目光便衹有放在道光帝的孫輩即咸豐帝的親侄輩——載字輩。載字輩眼下衹有三人，即十八歲的載澂、十二歲的載瀅和四歲的載湉。載澂是恭親王奕訢的長子。提起載澂，慈禧

不由得滿腔怒火。認真地説起來，她的寶貝兒子就是被這個載澂給害死的。

載淳登位後仍在上書房讀書，時爲議政王的奕訢把兒子載澂也安排在上書房讀書，名義上是爲載淳做伴讀，實際上是爲兒子創造一個從小便與皇上關係親密的環境，爲兒子今後在政壇上打下堅實的基礎。載淳、載澂這對堂兄弟由於年齡相仿，性格相投，一天到晚形影不離，親密異常。幾年後，兄弟倆都長大了。奕訢的目的正在順利地實現過程中。

載澂不是皇帝，他不受宫中的約束，常常可以回恭王府去，也常常讓王府的下人陪他到市井上遊玩，所以他知道皇宫外好吃好玩的東西多得很。他偶爾也會把這些説給堂兄聽，惹得終日困在紫禁城中的少年天子艶羡不已，央求堂弟帶自己去外面看看。載澂買通了載淳身邊的宫女和宫裏管鎖鑰的太監，兩兄弟换上青衣布帽，由小門出了宫。

十七八歲的皇帝第一次看到了市井的繁華、店鋪的熱鬧和人們發自真情的歡聲笑語，喫了不少遠勝御膳的民間小喫。他彷彿覺得，此刻自己纔算得上一個真正意義上的人，而宫中的那些刻板的程序，則好像在表演做戲，宫中的一切人物，又好像没有生氣没有靈魂的陶俑木偶。多出了幾次宫後，載淳的膽子大了，知道的也更多了。他居然聽説了有專供男人玩樂的妓院，要載澂帶他去領略領略。載澂先是不敢，後來經不起他的軟磨硬逼，自己也動了心，便帶着當今的九五之尊去逛窑子。高等的不敢去，怕在那裏遇到認得他們的王公貴族，衹好專揀小民去的下等妓院。不想衹逛了兩三次，載淳便染上惡疾。後來載淳出了天花，御醫私下告訴慈禧：皇上是天花和惡疾并發，無法治癒。慈禧大出意外，後來審出原來是出自載澂的勾引，慈禧真恨不得剥去載澂的皮。衹是礙於皇家的體面，纔不得不免懲載澂。這樣的人還能立嗎？即使將害死兒子的深仇大恨丢在一邊，單就行爲放蕩這一點便不能

第一章　清流砥柱

爲人君了！

載澂是奕訢的次子，但慈禧很不喜歡這個小侄兒。人長得尖嘴猴腮，長年纍月藥不離口。十一歲

的小子了，個子不及一個八九歲的丫頭片子。何況他的生母他他拉氏懦弱無能，慈禧瞧不起她。這樣

一個人，絕對不是執掌大清朝政的人才。

那麼祇剩下一個載湉了。載湉是七爺奕譞的兒子，長得清秀活潑，惹人喜愛。他祇有四歲，是一

棵剛出土的小苗，完全可以按照自己的意願來培育。除此之外，載湉還有一個任何人所缺乏的先天優

勢：他是慈禧的胞妹所生。因爲此，慈禧決定不惜冒違背祖制的風險，也要把載湉抱進宮來。想起十

多年來垂簾聽政親握朝綱，王公貴族、文武大臣莫不俯首聽命，國家大計、皇族事務盡皆聖心獨裁，

慈禧心裏得意不已。這個自小便有着強烈權力慾望的女人，把這種風光視爲生命的真正價值所在。繼

位的皇帝還得有十四年的讀書學習時間，在未來的十四年裏，她可以憑藉進一步熟練的政治手腕和愈

加鞏固的心腹集團，把昔日的風光展現得更加耀眼奪目。

東太后慈安缺乏從政的能力，從辛酉年起一切大小國事無不聽從慈禧。當慈禧將自己對立嗣一事

前前後後的思考告訴她時，對違背祖制這一點，她雖覺爲難，但也提不出反對的理由：因爲慈禧的考

慮是對的。將丈夫傳下來的皇位送給一個血統疏遠的侄孫，她也不樂意，要說違背祖制，辛酉年的兩

宮垂簾聽政就是違背祖制的事，作爲正宮皇后，她是此舉的帶頭人，時至今日，還祇有不提祖制爲

好。何況，穩固大清江山，這纔是第一位的大事，慈安深知慈禧的政治才能和自私本性，讓她的親外

甥來坐天下，她必定會如同輔佐自己的親兒子一樣地輔佐他，這對大清王朝來說祇有好處沒有壞處。

載湉進宮繼位，事情就這樣定了。實行了兩百餘年、十代一脈相傳的子以傳子的愛新覺羅家法，便由

這個出自葉赫那拉氏的女人給中斷了。

下一步的第一件要事，便是召醇王奕譞進宮，告訴他這個決定。

怎會不高興！但如同他的兩個兄長咸豐帝和恭王一樣，醇王的秉賦也是脆弱的。他一怕皇族指責他違

背祖制，二怕奕訢嫉妒，三怕日後作爲皇帝本生父與兩宮太后特別是與慈禧的關係不好處理，歷史上

因爲此而生發的皇家悲劇的前例不少。慈禧仔細考慮奕譞的顧慮後授給他一個錦囊妙計。於是，史

册上便有這樣的記載：事先一點不知內情的奕譞，和幾個近支親王及軍機大臣一道進宮，跪聽兩宮太

后宣佈嗣君的慈諭。當得知自己的兒子入選後，奕譞叩頭痛哭，頓時昏厥在地，被人擡回王府。甦醒

後一再請求兩宮太后收回成命。未獲允後第二天上疏：請開缺一切差使，爲天地留一虛縻爵位之廢

王，爲宣宗成皇帝留一頑鈍無才之子。第三天再上疏：祇保留醇王一個空爵位，今後永遠不再增添任

何銜頭，爲防止將來有小人倖進，請存此疏，以爲憑證。

載湉繼位的罣礙之處都疏通了，就祇有一件大事難以疏通，這便是同治皇帝的後嗣問題。一個普

通的老百姓若無兒子，尚可以過繼他人之子爲子，何況一個坐了十多年天下的皇帝，難道死了就死

了，連個繼承香火的人都沒有嗎？作爲親生母親，慈禧也不願看到兒子死後如此淒冷，於是匆忙之中

作出一個決定：日後載湉生有兒子，即爲載淳的嗣子。在載淳去世的當天，以兩宮太后的名義頒佈了

一道懿旨：『載湉承繼文宗顯皇帝爲子，入承大統爲嗣，俟嗣皇帝生有皇子，即承繼大行皇帝爲嗣。』

緊接着便在太和殿爲載湉舉行登基大典。

奕訢對選載湉而不選他的兒子爲帝，心中很是不快。一則兩宮太后已定，作爲臣子他不能反對；

二則奕譞以選載湉以後的一係列表演，也堵住了他的嘴，不好再出怨言。奕訢不反對，咸豐帝的另外三個無權

勢的弟弟自然也不能反對了。幾個支系較近的王公雖然對慈禧立載字輩不立溥字輩大爲不滿，但既成事實，他們反對也無用，況且他們也知道慈禧的手段，得罪了她，也不是件好事。於是這五年來，皇室內部倒也相安無事。

其實，相安無事衹是表相，内裏並不平静。載湉登基後不久，皇室裏便在私下議論一件事了。他們説，懿旨上講俟嗣皇帝生子即承繼大行皇帝爲嗣，這裏的意思很含糊。若僅僅衹是繼嗣的話，則如同普通老百姓，衹繼香火，不繼大統；但大行皇帝的神主今後是要入太廟的，進太廟祭祖衹是天子纔有的權利，別人没有，如此説來，大行皇帝的神主今後依然没有屬於自己的兒孫祭拜，繼嗣變爲一句空話。若繼嗣即繼統的話，今後皇上的長子即大行皇帝的嗣子，也即太子，這就犯了大忌。

原來，清朝的建儲制度與歷朝不同。清朝開國之初，原本和歷朝一樣，先立太子。康熙皇帝早年時先立下了太子，後來引起許多政治糾紛，以至於太子立而又廢，廢而又立，諸皇子之間爲着皇位争鬥不已。鑒於此，康熙晚年立下一條規矩：不預立太子。皇帝認準那個皇子後，寫上他的名字秘藏乾清宫正大光明匾後。皇帝死後，將他身上藏的傳位密詔，與從正大光明匾後所取下的名字相對照，由皇室近支親王和朝廷大臣共同驗明無誤後再行公佈。

康熙這個决定的確非常英明，不僅杜絶了皇子内部的争奪，也讓皇帝有一段很長的時間對諸子進行考察，以便擇賢而傳。無論是對皇室内部，還是對國家而言，這都是有利的。故從康熙之後歷代都堅决奉行，不能改變。

因此，預立太子，是絶對不能做的事。

那麽，懿旨到底説的是什麽意思呢？

這樁事，大家也衹是這樣議論而已，誰也没有提出來，因爲一旦提出來，也難以妥善解决。

因立載湉而帶來的這個兩難之處，慈禧後來也很快意識到了，她也覺得難以處置，衹好採取一種姑且這樣擺着以後再相機行事的態度。

不料，這個兩難之題却讓一個皇室之外的人給捅出來了。

五月初，廟號穆宗的同治帝的陵墓已建好，朝廷舉行了隆重的穆宗梓宫永遠奉安大典。吏部有個主事名叫吴可讀，是個年過花甲的老頭子。主事是個六品銜的小官，本够不上奉安資格，但吴可讀苦苦哀求，衹好讓他參加。典禮完畢，在回京的半途，吴可讀忽然上吊身亡，大家從他的身上搜出一份遺摺來。遺摺講的正是皇室内部所議論的事。摺子上説，當時穆宗大行時，太后的懿旨衹講繼嗣而没有講是繼統，歷史上曾有繼嗣而不繼統的先例，甚至有爲争奪皇位繼承權而殺害先帝嗣子的事，爲不讓大統旁落，請太后立即爲穆宗立下嗣子，並説明嗣子即嗣君，日後皇上即使有一百個皇子，也不能再覬覦皇位。

吴可讀自知披了龍鱗，將來日子不好過，便乾脆一死了之，來了個大清朝絶無僅有的屍諫。

面對着吴可讀這份遺摺，悲憫、惱怒、委屈、爲難，種種况味，一齊湧上慈禧的心頭。

這個死老頭子倒也是真心真意爲她的兒子着想的，希望穆宗有子息，希望穆宗的子息世世代代繼承皇位。若是一個通常的皇太后，對這樣忠心耿耿的臣子真是要感激不已，悲憫不已。慈禧當然有這種通常皇太后的心情。但是，立載湉是她决定的，眼下的朝政是她在掌握，東南大亂纔剛剛平定，西北戰事還在進行，外患日甚一日，迫切需要的是政局穩定，上下一心，這個鬼老頭子的遺摺豈不是無事生事，挑起皇室的矛盾，引起内外臣工的不安嗎？慈禧心裏委屈地想着：當初立載湉，難道就完全

是私心嗎？這幾年的相安無事來得容易嗎？擇統一事有幾多麻煩，你一個小小的主事哪裏能知道皇室內部複雜的情況。既然不知，就不必多言；即使有話要說，也可以託人上道密摺。現在來個屍諫，逼得我非得公開答覆不可，而這事又如何答覆呢？你說給穆宗立即立嗣，立誰呢？

一想到這裏，慈禧心頭猛地一亮：眼下近支王公裏溥字輩祇有載澂的兩歲兒子溥倬，吳可讀的意思是要立溥倬爲嗣。如此說來，他是在爲老六說話？老六沒有爲兒子爭到帝位，現在藉吳可讀的老命來爲孫子謀帝位？

『哼，別想得太好了！』慈禧咬了咬牙關，斷然作出一個決定：將吳可讀的遺摺公之於衆，讓王公大臣、六部九卿、翰詹科道都來議論議論，她要藉此看一看恭王府的反應，也要藉此考查一下朝廷中有沒有實心替她排難解紛、有識有謀的能幹人。

但出乎慈禧意外，恭王府一點反響都沒有，近支其他王府也不見明顯動靜。廷臣們則認爲，無論是立嗣也好，還是立統也好，都是皇室的家事，外人如何能多嘴？過了好幾天後，纔有協辦大學士徐桐、刑部尚書潘祖蔭、工部尚書翁同龢等人上了幾道摺子，都說吳可讀此舉不合時宜，爲穆宗立嗣一事早有明諭，不應再挑起事端。這些話自然是慈禧所願意聽的，但她總覺得沒有說到點子上。直到看到張之洞的奏摺後，她纔滿心欣慰。張之洞逐條回答了吳可讀的挑釁。

首先，張之洞明確闡發五年前兩宮太后的懿旨：立嗣即立統。如此，吳可讀所言穆宗大統旁落一說便不能成立。其次，今後穆宗的後嗣即今上的親兒子，既是自己的親兒子，那就決無加害的道理。吳可讀的顧慮是多餘的。第三，不能按吳可讀所言，預先指定一人既繼嗣又繼統，因爲這違背了家法。最後，張之洞歸結爲一點：今上日後『皇子衆多，不必遽指定何人承繼，將來纘承大統者即承繼

穆宗爲嗣。此則本乎聖意合乎家法，而皇上處此亦不至於礙難』。

慈禧讀完張之洞這篇奏疏後不禁長嘆：用這樣簡潔而明晰的語言，把吳可讀遺摺中提出的立嗣立統的複雜難題，剖析得如此清楚，既深知自己心中的難處，又把當初匆匆發下的懿旨的隙漏彌補得天衣無縫，自己想說而又說不透的道理，竟被此人講得這等圓滿無缺，真可謂難得。滿朝臣工中，這樣的人才實在太少，應該提拔！

慈禧正尋思着找一個合適的官位提拔張之洞，却不料伊犁事件接踵而來，而張之洞在此中又一次顯露出衆的忠心和才幹。看來，提拔一事，不能再延緩了。

慈禧想到這裏，毅然決然地掀開被子，走下床來，慌得衆宮女忙給她穿衣繫帶。她在房間裏慢慢地移動着腳步，腦子裏又浮出辭世七八年的曾國藩來。她知道，當年道光爺曾破格將年僅三十七歲的曾國藩由從四品連升四級，使得曾國藩對皇家感恩不盡，纔有日後耗盡心血死而後已的三朝忠臣。是的，應該像道光爺那樣，破格提拔張之洞，讓他感受到朝廷的特別隆遇，日後像曾國藩那樣加倍回報自己。

不過，慈禧至今未見過張之洞，沒有聽他說過話。他長得如何呢？他的氣概好嗎？他的應對敏捷嗎？他是不是像曾國藩那樣有着朝廷大臣的風度，具備安撫百姓震懾群僚的威儀？

召見張之洞！慈禧在腦子裏迅速作出這個決定。儘管祖制規定當國者不召見四品以下的官員，但連執政立統這樣的大事，都敢於突破祖制，這個小小的規矩在慈禧的眼裏又算得什麼！

五　原來張之洞短身寢貌，慈禧打消破格提拔的念頭

午後是養心殿白天最爲安静的時候，殿内殿外幾乎聽不見一丁點聲音，衹有清新的水菓香味四處彌漫着，在這安静的午後，顯得益發濃鬱，直沁入人的心脾。慈禧最愛天然的水菓香，養心殿爲此安置的好些個裝水菓的大盆，一年四季每兩三天便换一次時鮮水菓。當張之洞跟在李蓮英的後面，跨過遵義門的門檻，一眼看到前庭正中那座古老黝黑的鐵鐘塔時，心裏立時充塞著一種神聖整肅之感。他稍停片刻，正了正頭上的晶頂圓帽，撫了撫身上佩有白鷴補子的八蟒五爪長袍，長長地吐了一口氣，用力定了定神，然後邁着如常的步伐，穿過前庭，進入正殿，在東暖閣黄緞門簾前微微彎腰站定。

李蓮英掀簾進去了。一會兒，他又來到門邊，掀開大半邊簾子，對着張之洞輕聲地説：『進去吧！』

張之洞的心猛地急跳起來，熱血迅速湧向腦門。馬上就要親眼瞻仰威鎮天下的西太后了，他怎能不又興奮又激動又緊張呢？

這種亢奮情緒，從昨天中午奉旨以來便一直浸透着他的全身。自從同治二年進翰苑，至今已整整十六年了，除外放學政六年外，幾乎天天與這個女人在打交道，向她奏報各種大大小小的事情，奉行她發下的數不清的懿旨，聽見過他的同寅們有聲有色地描繪她非凡的美麗、過人的機敏，耳旁也時常傳遞着有關她的形形色色的軼聞韻事，但張之洞就是没有親眼見過她！這没别的原因，衹怪他的品級不够。四十二三歲了，多少人這個年齡早已是朝中的侍郎尚書，行省的巡撫總督，而自己却還屈居於區區洗馬。常爲自己官運不亨而苦惱的張之洞，每一念及此便更加沮喪。突然一道綸音傳來：明日召見。這真是異數！西太后爲何要召見我呢？她會問我些什麽呢？幾個時辰來，張之洞總在思索這些問題。這是一個千載難逢的機遇，一定要好好把住！張之洞想到這裏，把萬千情緒强壓下去，彎着腰邁進東暖閣。就在剛踏進閣子裏的那一瞬間，他擡起頭來向前方飛快地掃了一眼。

大約離門檻十步遠的地方張掛着一層薄薄的黄色幔帳，隱隱約約可見背後端坐着一位盛裝打扮的女人。無疑，這就是西太后了。張之洞不敢多看，忙彎下腰來，響亮地報道：『司經局洗馬臣張之洞跪見太后。』

説完走前幾步，雙膝跪在幔帳前的棉墊上，脱下晶頂圓帽，將頭觸在青色地磚上。據説，東暖閣裏有一塊地磚下是空的，頭碰在這塊地磚上，衹須輕輕地用力，便會發出很響的聲音，給太后以很忠誠的感覺。但這須買通東暖閣裏的太監，他們到時纔會將棉墊放在這塊地磚旁邊。張之洞不知這個奥妙，没有事先拿出銀子來，太監也便不把這個好處送給他。張之洞重重地在地磚上磕了三個頭，而地磚衹發出『卜卜』的聲音，並不響。

『卜卜』聲消失後，東暖閣裏便再也没有别的聲音了。張之洞心裏納悶：太后怎麽不發話？

原來，慈禧正隔着幔帳在仔細審看這個從五品的小京官。皇太后隔着一道幔帳與外臣對話，這就是中國近代史上着名的垂簾聽政。幔帳是特製的，太后坐在裏面可以很清楚地看見跪在外面的臣工，而臣工却看不清太后。

從張之洞走進簾子的那一刻，慈禧就以她特有的政治家的精明和女性的細膩，在打量着眼前這個頗著聲名的中年男子。

然而，慈禧頗覺失望。她眼中的張之洞竟然身長不及中人，且兩肩單薄，兩腿極短，上下甚不協

調。等到張之洞走近些後，她又看到一副瘦削的長長的馬臉，馬臉上長着一個扁平的大鼻子，鼻子下又是一張闊大的嘴巴。惟獨讓慈禧感興趣的，是鼻子上頭的那兩隻眼睛格外的精光四射。慈禧立時想起野史上常有『雙目如電』的話，她覺得儻若將這四個字移到張之洞的身上，倒也並不過分。

二十六歲起便守寡的慈禧太后，對俯首於她面前的那些鬚眉大臣們，有着一種奇特的微妙情感。那些或長得雄壯挺拔，或長得清秀端正的英年男子，常常會得到她的格外垂青，有時甚至會得到意外的好處。這些年來隨着年歲的增加，這種情感已減弱了很多，但並没有完全消除。

『張之洞，你今年四十幾了？』幔帳後面終於傳出慈禧清脆動聽的聲音。

『臣今年四十三歲。』張之洞没想到太后的召見竟從這樣一句極普通的家常話開始，緊張的心情鬆弛了大半。

慈禧見張之洞兩鬢已有不少白髮，估計他大約有四十七八了，却不料比自己還要小兩歲。

『你是同治二年的探花？』

『是的。』十多年來，慈禧的格外聖眷一直銘記在張之洞的心中，衹是他從來没有一個表達的機會。這一刻終於來到了。他懷着滿腔真情説，『那年太后賞賜給臣的山海般的恩德，臣生生世世永遠不忘。臣對太后，雖肝腦塗地，無以爲報！』

説罷，又重重地在青磚地上磕了三個響頭。擡起頭來時，慈禧隔着幔帳看到張之洞的臉上掛着幾滴淚珠。

作爲女人身的中國封建社會最後一個强權獨裁者，慈禧太后是一個容易被感情驅使的人。張之洞如此真誠地感激她，使她頗爲感動。她立刻意識到：這個富有才識的洗馬，是一個知恩報恩的實心漢

子，因其貌不揚而引起的不快頓時消除了多半。

『聽説你在外辦事用心，湖北、四川這幾年出了不少人才。』

一股暖流激蕩着張之洞的全身，他挺直腰板回奏：『臣家世受國恩，臣本人又蒙太后破格隆遇，爲國家盡心辦事，是臣的本分。』

慈禧微微頷首，開始進入正題：『崇厚辦事不當，有損國家體面，朝廷對此已有嚴旨。』

『太后英明！』張之洞聽了很是興奮，氣勢雄壯地説，『崇厚一貫媚外諛敵，那年辦天津教案，曾文正就吃了他的虧，後來悔恨不迭。這次他又在俄國人面前奴顔婢膝，竟然擅自割讓祖宗土地以討洋人歡喜。臣以爲崇厚非殺不可，不殺不足以平民憤！』

厚沈硬直、夾雜南音的京腔在東暖閣裏迴蕩，四壁似在嗡嗡作響，端坐在龍椅上的慈禧不覺爲之動容。多年來她已没有聽到這種中氣旺盛、語調斬決的奏對了。素日裏她聽到的都是大臣們唯唯諾諾的低聲附和，全没有一種男人的陽剛之氣。有的大臣，尤其是第一次被召見的大臣，常常囁囁嚅嚅，説不清爽，甚至緊張得説不出話來。初次進東暖閣的張之洞如此氣定神閒，應對如儀，足見此人膽量不凡。

『張之洞，你説説，朝廷若是不同意崇厚在俄國私自簽訂的條約，俄國會出兵侵犯我大清嗎？』

慈禧提的這個問題，是這段時期來，張之洞與張佩綸、陳寶琛等人反覆研討的第一個大問題，張之洞早已思之爛熟。他本可以就此侃侃而談一兩個時辰，但這裏是養心殿的召見，不是龍樹寺的清議，衹能擇其要點簡略奏對。『回奏太后，臣以爲第一是俄國不可能因改約而侵犯，第二爲應付意外，必修武備，第三俄國乃我大清之大患，不可輕視。此次俄國之所以不敢侵犯，其理由在三個方面。一是理虧。臣建議將俄國此條約的不公不平之處佈告中外，行文各國，讓舉世來議一議是非曲

直。二是內虛。俄國雖號稱大國，但自與土耳其開戰以來，師老財殫，親離民怨。近歲其國君屢有防人行刺之舉，若再犯我，將有蕭墻之禍。三是朝廷之兵威。這幾年左宗棠在西北尤其是在新疆的用兵，威懾四夷，俄國必有畏懼。這正是此次俄國不敢侵犯的最主要的原因。當然，俄國乃虎狼之國，長期來對我有覬覦之心，我不能不防。故臣建議，新疆、吉林、天津三處應加强防備力量，以防意外。另外，臣一貫以爲，與我鄰近的强大敵國有兩個，一是日本，一是俄國。日本國小，且未接壤；俄國大，與我有幾千里疆土相接。故俄國對我的危害比日本更大，我必須對俄國實行長年戒備。』

幔帳那邊，慈禧頻頻點頭。張之洞的分析直截簡明，每一句她都聽到了心裏。

『張之洞，不少人都主張徵調曾紀澤去俄國改約，你以爲如何？』

『臣以爲可。』張之洞立即回答，『曾紀澤係名臣之後，許多見過他們父子的人都說，曾紀澤有乃父之風。且這些年來他又充任過英法等國公使，熟悉夷情，通曉西洋法律，必可據理力爭，折衝樽俎。臣以爲，朝廷當諭曾紀澤決不能在俄人面前示弱，萬不可割讓祖宗土地，實在不行的話，可以酌情多給點銀子，以換取伊犁全境收回。』

慈禧沈思着：這是個好主意。多給點銀子不要緊，大不了多收點賦稅，户部開支再緊縮一點，至於後宮的供應，與多出少出幾百萬兩銀子無絲毫關係。土地的確不能割。割一寸土地出去，都是祖宗的罪人，千秋萬代史册上都會當作賣國賊來書寫。

關於伊犁事件的處置，慈禧通過對張之洞的垂詢，已在心裏大致打定主意了。她聽到不少人都稱讚張之洞熟讀經史，遍覽群書，博聞强記，學問淵懿，五月中旬甘肅地震，六月以來金星晝見，都説這是天象示異，讀書不多的慈禧太后弄不清楚其間的深奥道理。何不叫張之洞來説説呢，他的學問究竟如何，也可藉此測試一下呀！

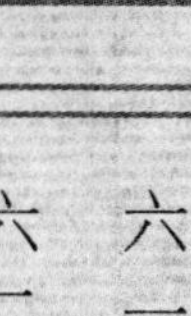

『張之洞，近來地震在西北出現，金星白天可以見到，這到底是怎麽回事？』

慈禧突然間提出的這個問題，是張之洞所没有估計到的。張之洞通曉典籍，對經史書上所記載的諸如山崩地震、星象反常的現象，也曾給予極大的注意。他是一個嚴謹的儒家信徒，對孔子不語怪力亂神的作法深爲服膺。他不大相信那些讖緯家、占卜者神秘玄虚的推斷，認爲那多爲附會之説。但經書史書爲什麽又都將它們記載呢？經過長期的鑽研，結合十多年來的從政閲歷，他確信那是先賢的一種神道説教，即藉天象來勸戒君王遷惡從善，寬政恤民。他很欽佩先賢的這種智慧，現在是輪到自己來向君王履行這個神聖的職責了。

張之洞凛然奏道：『甘肅地震，金星晝現，此種地理天象在康熙十年也曾同時出現過，聖祖爺當即下詔修省，令臣工指陳闕失。上蒼示儆，修身省己，此正聖祖爺仁心之所在。今兩宫太后、皇上敬天愛民，憂勤圖治，爲天下臣民所共知，然天象地理如此，亦不能不慎之。臣以爲宜傚法聖祖爺，從以下數事來修省弭災。』

張之洞略停片刻，定一定神，平素常常思考的大事，一件件迅速地浮出腦海：『一曰采納直言。修德之實在修政，而修政必自納言始。《洪範·五行傳》謂居聖位者宜寬大包容，古語説君明則臣直，俗話説良藥苦口利於病，忠言逆耳利於行，故采納直言乃修政之始。二曰整肅臣職。地震乃地道不修，地道者，臣工之道也。《春秋》於地震必書，意在責臣下不盡職。以臣看來，比年來臣職不修的事例極多，跪安之後，臣當向太后一一奏明。』

『你要照實禀報。』慈禧打斷張之洞的話。

『是，臣一定如實稟報。』張之洞繼續奏下去，『一曰厚恤民生。《周易·大象》曰，山附於地，剥上以厚下安宅。程子注曰：山而附著於地，圮剥之象，居人上者觀剥之象，則安養民人以厚其本，所以安其居也。西北地震，正是上天啓示下界有不安之民，故請厚恤民生。一曰謹視河防。史傳所載，金星爲變，抑或主水，故請朝廷加意提防黃河、淮河及京畿永定河等多災河道，加固險工，防患於未然。臣以爲地震及金星晝見雖不是好事，若見上蒼之示儆，而修身省達，自可以消災弭禍，國泰民安。』

慈禧見張之洞引經據典如順手牽羊，不覺暗自佩服，心裏想着：如此飽學而不迂腐的人才卻屈居於司經局洗馬，真是可惜了，應該破格提拔。轉念又一想，張之洞是清流黨的重要成員，朝廷口碑不一，宜慎重對待。她想聽聽張之洞本人對清流黨的看法，遂問：『張之洞，都説京師有個清流黨，專門彈劾中外大員，你以爲如何？』

張之洞没有料到慈禧會提出這般尖鋭的問題，他一時不知從何答起。他本能地意識到，太后對『清流黨』三個字是不喜歡的，從來帝王都不喜歡臣工拉幫結派，即使是文人雅士的集會結社，一旦被目爲結黨的話，也會爲之不安。張之洞想到這裏，頭上冒出絲絲熱汗，並一直熱到頸根。他凝神片刻，調整下心緒，然後坦然奏道：『啓奏太后，臣以爲清流黨一説不合事實。臣自從光緒二年從四川回京後，與李鴻藻、潘祖蔭、張佩綸、陳寶琛等人交往頗多。一則臣仰慕他們持身謹嚴的人品和忠於太后皇上關心國事的血性，二則臣與他們有喜愛學問詩文、金石考辨等癖好。儘管從來便有君子之黨與小人之黨的分別，但臣仍凜於「結黨營私」之儆戒，不敢與人結社組盟，以貽口實。據臣所知，李鴻藻等人與臣此心相同。且臣以爲專門彈劾大員一説亦不全合事實。就拿臣來説吧，這幾年除代黃體

第一章 清流砥柱

芳起草過彈劾户部尚書董恂外，其餘不論是爲人代擬，還是自己署名的三十多道摺子，全是言事陳策，並不以糾彈大員爲主。比如這次伊犁事件，臣主張嚴懲崇厚，但亦非專門衝着崇厚而言。臣爲此事草擬了七八道摺子，還有幾道未及上奏，所有這些奏章，都重在如何妥善處理伊犁歸還一事，而不重在如何懲處崇厚一人。臣幼讀先儒之書，粗明大義，既不敢結黨以營私，又不願以劾人而利己，側身於翰詹之際，留心國事，乃臣之本分。臣一向認爲，當以剖析事理尋求善策爲重，而不應以嚴峻懲罰罷官削職爲目的。』

慈禧默默地聽着張之洞這番長篇陳述，心想：被人目爲『清流黨』的頭面人物中，張佩綸、陳寶琛等人招怨最多，而張之洞確乎遭人攻詰不多，這或許正如他自己所説的，他這個『清流黨』重在言事而少言人？張佩綸、陳寶琛今天彈這個，明天糾那個，日後將積怨甚多，恐於己不利。隔着薄薄的黃絲幔帳，慈禧盯着張之洞良久，似乎看到這個司經局洗馬的另一面。是明哲，抑或是乖巧？是練達，抑或是圓滑？

出於對清流黨本能的不喜歡，再加上那張不能令人悦目的長臉和上下不協調的短小身材，另一種想法漸漸地在慈禧的腦子裏佔了上風：他是一個誠恪務實、老成持重的幹才嗎？是一個能當大任、震懾群僚的社稷之臣嗎？還得再看一看，等一等！暫緩破格，循例晉級吧。慈禧作出這個決定後，對着幔帳外跪着的張之洞揮揮手：『你跪安吧！』

走出養心殿，一陣涼風吹來，張之洞不由自主地打了個冷顫。此時，他纔發現，貼身的內衣早已濕透了。

回到家裏，張之洞關起書房門，獨自默默地坐了大半天。就像孩童時代回味好看的戲一樣，養心殿召見的每一道程序、每一個細節，都在他的腦子裏慢慢地重新出現一遍，尤其是將太后的每一句垂詢和自己的每一句對話，再細細地咀嚼着，仔細體會太后每句問話的意思和有可能蘊含的其他內涵，以及自己的應對是否得體，是否達意。他揣摸着慈禧太后對伊犁事件的心態：惱怒崇厚所簽署的這個條約，使她和大清朝廷在洋人面前失了臉面。儻若有足够的力量的話，這個强硬的中年婦人決不會談判，她會下令左宗棠帶兵趕走伊犁城裏的俄國人，將這座本是自己的城池强行收回來。衹是現在國力衰弱，她有所顧慮。張之洞相信自己廢約殺崇厚、積極備戰迎敵的主張，與慈禧的心思是吻合的。在整個召對的半個時辰裏，自己的各種表現也沒有失儀之處。

張之洞想到這裏，心情興奮起來。他將已經草擬的幾份奏稿再一字一句地仔細斟酌着，力求考慮得更周到，更全面，更細緻，更易於被採納。司經局洗馬不僅要爲太后和朝廷在處理伊犁事件中提供一份完整的方略，同時，也要爲國史館保留一份完備的文書，以供後人閱覽，日後遇到棘手的國事，張某人所上的這一係列奏章便是一個極好的借鑒。

他還想到，久困下僚、屈抑不伸的年月就要從此過去了。通籍快二十年，還衹是一個從五品的小京官，張之洞爲此不知多少次的苦惱過、困惑過、憤怒過。論出身，論才學，論政績，論操守，哪樣都比別人强，偏偏就升不上去。是缺少溜鬚拍馬的鑽營功夫呢，還是時運未到？想起父、祖兩輩都官不過守令的家世，他有時會無可奈何地搖頭嘆息：難道是張家的祖墳沒葬好，壓根兒就發不出大官

來？

看來，時至運轉，這一切都要改變了！

然而，現實並沒有這個富於幻想的從五品小京官所設想的那麽美妙。

首先，是恭親王奕訢和文華殿大學士直隸總督李鴻章多次向慈禧鄭重指出，作爲與俄國談判的特使，崇厚是不能殺的，殺崇厚無異於侮辱俄國。俄國是侵略成性的軍事强國，與之開戰，中國必定損失更大。用武力收復伊犁之議，貌似愛國，實乃誤國。這是不負責任的輕舉妄動。自古以來清議皆誤國，今日張之洞、張佩綸等人正是這樣的人。

接着，各方推舉認同的崇厚替代者駐英法公使曾紀澤從倫敦上疏，說籌辦伊犁一案不外三種方式：戰、守、和。曾紀澤詳細分析敵我雙方形勢：伊犁地勢險要，俄人堅甲利兵，戰未必能操勝券；且伊犁乃中國領土，開戰後俄人無損，受害者實爲中國，何況俄人對中國覬覦已久，此次不過藉伊犁以啓釁端，開戰正合其意。中國大難初平，瘡痍未復，不宜再啓戰事。故戰不可取。言守者，謂伊犁乃邊隅之地，不如棄之，以專守內地。持此論者不知伊犁乃新疆一大砲臺，若棄伊犁則棄新疆；新疆一棄，西部失去屏障，故守亦不可取。當此之時，衹可與俄國言和，修改條約，能允者允之，不允者堅決不允，領土及邊界事決不遷就，其餘不妨略作通融。至於崇厚，可以嚴懲，但以不殺爲好。

曾紀澤這個處理伊犁一案的方略，得到朝野的一致擁護，慈禧本人也同意。既然按照曾紀澤的穩健方案來辦事，過於强硬的張之洞便不宜破格提拔。慈禧又爲循例晉級找到一層理由。於是，張之洞便由從五品升爲正五品，官職則升爲詹事府右春坊右庶子。

僅升一級，張之洞雖然感到失望，但畢竟官位提升了，也是好事。尤其令他欣慰的是，朝廷沒有

接受崇厚所簽署的喪權賣國條約，將崇厚拘捕，定爲斬監候，並改派曾紀澤爲全權特使與俄國繼續談判。張之洞認爲朝廷還是接受了他處理此案的大計方針，這足以值得快慰。相對於國家主權來說，沒有破格超擢，畢竟還是小事。他仍然以極大的興趣密切關注着事態的進展，凡關於此案的一些新想法，他總是不斷地繕摺遞上去，供太后參考，以盡自己對國家應盡的職責。

這一天，他在書房閱讀邸抄，得知曾紀澤已抵達俄國，正在與駐俄國的英國大使德佛楞及法國大使商西接觸，探詢英、法兩國對伊犁一案的看法。張之洞對曾紀澤辦事的穩重很滿意。這時，王夫人進來說：『尊經書院的學子楊銳來看你了。』

『楊銳來了？』張之洞放下手中的邸報，驚喜地說，『快叫他進來！』

『學生已經進來了。』

說話間從王夫人身後走出一個二十歲出頭、五官清秀的青年，他就是楊銳。『香師，三年多没有見到您了，這幾年來都好嗎？』

『好，好！』張之洞一邊回答，一邊指了指身邊的椅子說，『坐，坐下說話。』

楊銳在張之洞的對面坐下來，張之洞將他上下打量了一番，笑着說：『三年不見，你長大許多了，有一點男子漢的氣概了。』

說得楊銳不好意思起來，咧開嘴笑着。王夫人親自端一碟蓋碗茶上來，對楊銳說：『這還是那年在成都，你陪着老師在黄瓦街買的青花茶盃，用了幾年，還跟新的一樣。』

師母這般親熱，這般慈祥，使楊銳備感温暖。他起身接過茶碗，如同小孩在長輩面前表功似的說：『黄瓦街是滿城。我那年對香師說，滿城裏賣的瓷器是宫廷用瓷的餘貨，看來我這話没說錯吧！』

『三年爲期太早了。』張之洞笑着插話。『五十年後還這樣光亮如新，我就相信你的話了。』

『五十年？』王夫人望着丈夫說，『五十年後你要他跟誰去論辯？』

張之洞哈哈大笑起來，說：『跟我的女兒呀，跟我的準兒去論辯呀！』

準兒是王夫人生的，張之洞很是疼愛，視若掌上之珠。見丈夫這樣時刻把女兒放在心頭，王夫人心裏很是欣慰。她略作嬌嗔地瞪了丈夫一眼後對楊銳說：『你看，老師見了你有多高興！』

眼看着老師這種發自内心的快樂心緒，楊銳如同沐浴着春風的温情，他笑着說：『那時學生還是要跟香師面論，硬要香師當面承認這是真正的宫廷備選品。』

『好，好，到那時若還這樣，我又没死的話，再承認不晚。』張之洞笑得更起勁了。

楊銳端詳着老師怡然自得的神態，心裏想：香濤師與在四川時没有多大的變化，衹是顯得瘦了點，兩鬢增添了幾根白髮。他將隨身所帶的一個小布包送過去，說：『我知道您從不受人禮物，但這不是禮物。當年您要我們在書齋後面種楠竹，這幾年來，楠竹長得很茂盛，春天還有竹笋可挖。知道我要到北京來，書院的幾個同窗說，帶點乾竹笋給香師嘗嘗吧，京城没有笋子吃。』

『好，好，我收下。』張之洞很高興地接過小布包，隨後放在書案上，說：『當年我要你們在書院裏種點竹子，是想以竹之氣節風骨激勵大家，想不到今天還可以在京師吃到尊經書院的竹笋。』說罷又歡暢地笑起來。

督學巴蜀的三年，是張之洞難以忘懷的歲月。

同治十二年，三十六歲的張之洞被任命爲四川學政。一向崇尚實幹的新學臺，決心在三年任期内

爲巴蜀學界做幾件實事。

那時四川士林風氣不正，科場作弊之風十分嚴重。張之洞通過深入考察後，制定了諸如『禁鬻販，禁詭詐，防頂替』等整理科場的八大措施，督促各州府嚴格執行，科場作弊之風頓時根絕。張之洞又針對不少士子參與當地士紳們舉辦的局所，與局所辦事之人勾結爲奸民怨沸騰的情況，下令不准士子參與局所，凡有違背者，一律懲辦，直到革去功名。張之洞説到辦到，雷厲風行，在革去幾個秀才的功名之後，此風已幾近絕跡。

爲更多更好地培養人才，造就四川的新學風，張之洞接受丁憂回籍的前工部侍郎薛煥等十五名官紳的建議，創建了尊經書院。光緒元年春天，尊經書院在成都南門外落成，延請薛煥爲山長。薛煥也是一位名宦。咸豐十一年，薛煥在江蘇巡撫任上，與時任兩江總督的曾國藩一道奉旨購買洋槍洋砲及僱法國工匠傳授製造經驗，揭開『徐圖自强』的序幕。張之洞聘請這位廣孚衆望的能幹大員出任書院的第一任山長，正是他對書院的重視和期望。開學那天，他和四川總督吳棠親自前去祝賀。

張之洞爲尊經書院制定的目標是培養通博之士致用之才，在四川造成經世致用的務實學風。在川期間，他經常去書院給士子們講課。爲了指導書院的學子和川省士人，他撰寫了兩部重要的學術著作：《輶軒語》和《書目答問》。

在《輶軒語》這本書裏，張之洞以學政的身份發表許多有價值的教誡之語和經驗之談，希望士人們成爲德行謹厚、人品高峻、志向遠大、習尚儉樸的道德君子，並提出讀書期於明理、明理歸於致用的求學原則。在《書目答問》一書裏，張之洞則以廣博精審的目錄學家的身份，爲士人開出二千二百餘種包括經史子集在內的書目，爲初學者打開走進學術殿堂的大門。

在尊經書院的授課過程中，張之洞發現五個資質特別聰穎、讀書特別發奮的少年。他大力表彰他們，樹立五少年爲全省士子的榜樣。其中一個不僅書讀得好，而且品行更爲卓異，志向更爲高遠，張之洞將他列爲尊經五少年之首，此人即十七歲中秀才、十八歲進書院的綿竹人楊鋭，表字叔嶠。

『你幾時到的北京？』張之洞端起茶盃，滿是慈祥目光的雙眼，望着這個深得他喜愛的青年。

『前天下午到的。本想昨天就來看望香師，想起一路風塵，樣子太難看了，於是昨天去街市上買了一身衣服，剃了頭，將通身上上下下打掃了一遍，今天纔敢登門拜謁。』楊鋭端坐叙説，兩隻機靈的大眼睛閃動着耀人的光彩。

真是一塊無瑕美玉！張之洞在心裏讚嘆着。前天進的京，今天就來看望了，他爲弟子的重情重義而高興。『這兩天住在哪兒？』

『南横街客棧。』

『不要住客棧了，明天就搬到我這兒來住。』張之洞放下茶盃，似乎表明他這句話就是一個決定似的，無須商討。

『住在這裏打擾香師和師母，我心裏不安，還是住客棧方便些。』楊鋭推辭着。

『什麼打擾不打擾的，我的客房正空着，你住下就是了。住家裏，我們師生説起話來也方便。三四年不見面了，我有許多話要對你説哩！』

説罷不待楊鋭開口，便對門外喊：『大根，你過來下！』

一個長得五大三粗的二十多歲的漢子邁着大步走了進來：『什麼事，四叔！』

『你去把客房收拾下，這位從四川來的遠客明晚就睡在家裏，有一段時間住。』

『嗯，知道了。』大根一邊回答四叔的話，一邊很熱情地與楊銳打着招呼。

楊銳見大根叫張之洞爲『四叔』，知不是一般的僕人，便問：『香師，我應該怎樣稱呼他？』

『他是我的遠房侄子，你們年齡差不多，兄弟輩分，都以名字相稱吧！你叫他大根，他叫你叔嶠。』

楊銳忙起身，對大根說：『大根兄弟，給你添麻煩了。』

大根友善地說：『不要謝，這是我分內的事。』

說罷離開了書房。

大根來到張之洞的身邊已經十年了。八歲那年，大根的母親去世，做江湖郎中的父親便帶着他走南闖北。父親略識幾個字，有些武功，早早晚晚没得事時，便教兒子習拳練武，也把自己所認得的字教給兒子。十二三歲開始，父親便教他識辨各種草藥，背湯頭歌訣，以便讓他長大後能有個養家餬口的技能。大根聰明勤奮，父親所教的，他都學會了；加之長年跟着父親走村串户，小小年紀，也有不少閱歷。可惜，十五歲那年，父親不幸病故，大根成了無依無靠的孤兒，衹得回南皮老家，一個人孤苦零丁地耕種兩三畝薄地。張之洞那年回籍祭祖，見到這個已與他出了五服的孤兒，看出這是一棵難得的好苗，衹要稍加培養，就可能成才。張之洞是一個胸懷大志的人，並不安於做一個文學侍從，他要經世濟民。做鎮撫一方的疆臣，做管理天下的宰相，纔是他的志向。他相信遲早會有這一天的。因此他需要在身邊聚集人才，大才小才都要，尤其要有幾個貼心人。他們或幫自己出謀劃策，排難解憂；或鞍前馬後照顧保衛，防患歹徒的侵襲，戒備仇家的暗害。再過幾年，大根就是一個很好的貼身侍衛。就這樣，張之洞把大根帶出了南皮。

張之洞既對大根予以重視，便對大根格外看待，視他爲親侄，規定他早上一個時辰識字讀書，以補過去之不足；晚上一個時辰練習武功，使先前的功夫不荒廢。去年，王夫人收了一個十八歲的女孩春蘭做女僕。春蘭有爹無娘，命也不好，張之洞夫婦見她勤快善良，便做了主，將春蘭嫁給大根。大根和春蘭感謝張之洞夫婦的恩情，遂死心塌地爲張府做事。

喝了幾口茶後，張之洞對楊銳說：『說了這多閒話，正話還没說上。叔嶠，你這次跋涉幾千里來京師，究竟是爲了什麼事？』

『我正要跟您稟報哩。』楊銳臉上娃娃似的笑容瞬時不見了，代替的是一臉的凝重神色。『學生受父老鄉親的委託，特爲東鄉慘案一事進京，替冤死的東鄉農人鳴冤叫屈。』

『東鄉的案子還没有處理好？』張之洞頗爲驚訝地問。

『還是維持過去的老樣子。不但東鄉屈死的冤魂不能安妥，凡有良心的川中士紳也都不能心服，故而委託學生幾個人再次進京申訴。』楊銳說得激動起來，兩隻眼中的淚花在閃動。

『都四五年了，還没有處理好，天理良心何在！』張之洞是個易於動感情的人，看到楊銳眼噙淚水，他自己也不禁雙眼模糊了。

東鄉案子出來的時候，張之洞正在四川做學政，這個案子的前前後後他都知道。

四川農民賦稅沈重，除地丁銀外，還有各種捐輸和雜稅。愛新覺羅氏入關之初，爲籠絡人心，公開向全國保証：子子孫孫永不加賦。但這句話並没有承諾多久，就以各種名目變相加賦加稅來自我否定了。太平天国起事後，軍餉浩大，朝廷爲籌餉銀，横徵暴斂。東鄉是一個窮縣，這些年來各種賦稅加起來要超過戰争之前的十倍。而且負責徵收錢糧的局紳和官吏相互勾結，百般勒索，手段惡劣。東鄉農人忍無可忍，終於在光緒元年集體抗糧不交，聚衆請願，要官府清算歷年糧賬。

東鄉知縣孫定揚以『刁民聚衆謀反』爲辭報告川督文格。文格得報後，立即派出提督李有恒率官兵急赴東鄉鎮壓。李有恒窮兇極惡地命令官兵，將東鄉抗糧村寨不分男女老幼全部殺掉，造成四百餘人冤死的特大慘案。

東鄉慘案發生後，巴山蜀水一片震驚。在成都的張之洞聞訊，憤慨地對學政衙門的屬員們說：『鄉民請願，祇能勸解，即使真的是聚衆謀反，也祇能拘捕首犯，驅散衆人，怎麽能殺這多人？這裏該有多少冤死鬼！』

他是學政，不便干涉地方政務，得知東鄉推舉士紳進京告狀，他心裏是贊同的。東鄉一案得到川籍御史吳鎮的同情，他聯絡幾個京官聯名上疏，參劾川督文格。後來，朝廷將挑起這樁案子的直接當事人知縣孫定揚、提督李有恒革職，將川督文格調離四川，擢升山東巡撫丁寶楨爲四川總督，令丁寶楨視情節輕重處置此案有關人員。這時，張之洞剛好三年學政期滿，離川回京。一路上，聽到的都是不服朝廷如此辦理的民怨，他自己也認爲此案處置不當。

丁寶楨到了四川之後，采取息事寧人的態度，將大事化小，小事化了，與東鄉冤案一事負有直接責任的人員幾乎無人遭到懲罰。東鄉縣民憤憤不平。

去年，張佩綸得知此事後上了一道奏章，彈劾丁寶楨，請復審東鄉一案。朝廷接受張佩綸的意見，委派致仕在京的前兩江總督李宗羲前往四川復查。李宗羲查實後上報朝廷。朝廷再派禮部尚書恩承、吏部侍郎童華爲欽差大臣，前往四川復審。朝廷這些舉措，張之洞都知道，至於兩個欽差大臣入川後的具體情況，他就不清楚了。

楊鋭氣憤地告訴老師：『恩承、童華一進成都，就被丁寶楨接去住了總督衙門，天天山珍海味招

待，又從各戲園子裏招來長得漂亮的妹子，給他們唱川戲消遣。成都住厭了，又去峨眉山住了一個月。兩個欽差在四川享盡了清福。他們祇派了三個隨從在臬司方濬頤陪伴下，裝模作樣地到東鄉逛了幾天。據説丁寶楨對兩個欽差講，東鄉的案子不能翻，翻了，四川今後就收不到錢糧了。還説他這個總督當不了是小事，朝廷缺了四川的錢糧可不得了。兩個欽差聽了，認爲丁寶楨的顧慮是對的，於是維持原判，不准翻案。』

『豈有此理！』張之洞憤慨起來，『丁寶楨怎麽變得這樣糊塗了。』

丁寶楨原本不是一個糊塗官員，幾年前他幹了一件震驚天下的大事，使得他名播九域，廣受讚揚。

同治八年秋天，慈禧太后打發身邊的太監安得海南下江寧、蘇州，爲大婚在即的同治帝置辦衣料。清朝祖制規定太監不得出京城。慈禧一向不把祖制放在眼裏，安得海是她的寵奴，她叫安得海出京，表面上是置辦大婚衣料，背地裏讓他摸一摸各省官員對她的忠誠程度。安得海仗着慈禧的寵信，肆無忌憚。他乘坐特製黄龍船，打着金烏赤兔旗，順着運河招摇南下。沿途官員又驚又怕，紛紛登船拜謁，送上厚禮，安得海一一照收。

丁寶楨時任山東巡撫，山東爲安得海必經之省。他得知這一消息後，一面飛章報告朝廷，一面派員在泰安等候，設計軟禁安得海一行。安得海不知內裏，軟禁時仍作威作福，並威脅説如不放他出去，貽誤了采辦衣料的大事，這責任要山東省全部承擔。丁寶楨不理會他，靜等朝廷的旨令。

説來也是安得海合該命絶。平時各省督撫的急奏都是直接送慈禧，恰好那天奏章到時，慈禧正在看戲。內奏事處的太監怕觸犯了她的興頭，便把奏章送給了同治小皇帝。小皇帝看後大怒，連忙報告嫡母慈安太后。慈安性格較爲懦弱，處理國事的才能又遠不如慈禧，她通常不過問政事，聽任慈禧一

人說了算，也因此助長慈禧的驕悍。慈安對慈禧不甚滿意，却也無可奈何，衹得聽之任之。衹有一件事，令身爲女人的慈安極端不安，那就是關於慈禧私生活不檢點的流言蜚語。

在慈安看來，用錯了一個大臣，辦錯了一樁國事，都還衹是小事一件，若是慈禧與男人弄出個什麽把柄出來，那可就是大清朝廷的第一大醜事了。這些流言中，涉及到安得海的最多。安得海與慈禧親密的程度超過常情。他不但與慈禧並肩說話，甚至有時還跟慈禧並頭睡覺。宫女和太監們私下議論：安得海極有可能身子淨得不徹底，不然的話，西太后怎麽會這樣喜歡他？這些閒話傳到慈安耳裏，真讓她如坐針氈，惶恐不安，但又不好與慈禧明説。她終於想出了一個法子：命令太醫院對宫中所有的太監重新檢查一遍，以便從中看出個究竟來。不料，輪到檢查安得海時，慈禧一早就把他打發出宫外，直到天黑纔回來。一連三天，天天如此，弄得太醫們束手無策，不好再查安得海了。這樣一來，慈安更焦急了。

没想到安得海在山東給扣住了，正好藉此根除後患！慈安心裏這樣想好了，但還是有點懼怕慈禧，又悄悄把奕訢叫來商議。關於慈禧與安得海的流言，奕訢早就聽說。作爲皇室中的重要成員，奕訢和慈安一樣，也怕慈禧壞了皇室的體面。何況前幾年慈禧又借故撤掉了奕訢的『議政王』頭銜，奕訢一直懷恨在心，現在正好報此一箭之仇。奕訢毫不猶豫地對慈安説：『祖宗之法在這裏，誰都不能違背。立即傳旨山東：安得海就地正法。』

説完親自擬了一道諭旨，火速遞往濟南。

丁寶楨奉到聖旨後歡喜無盡，他生怕再有後命，便傳令第二天即在泰安城裏斬首，並暴屍三日。斬殺當今天下第一人身邊的寵閹，這是一樁令百無聊賴的人世間何等新奇何等刺激何等快慰的大

事！一時間，泰安全城騷動，男女老幼傾巢而出，蜂擁十字街頭，一睹這個千載難逢的場面。三天之内，從附近各府縣來泰安城的觀者不下百萬。其間最令人感興趣的是，這個安得海的下部究竟有那個傢伙没有。千百人用棍子、竹竿在撬動，千萬雙眼睛在死死地盯看，結果衆口一辭：安得海的那個傢伙確實被閹掉了，他是一個貨真價實的太監！

得知安得海在山東被斬的消息後，慈禧真是又惱怒又傷心。她知道這是慈安和奕訢在暗算她，但她發作不得。然而暴屍三日，讓世人都看清了安得海，這無疑又是幫她洗刷冤枉的最好辦法。安得海究竟是不是真太監，慈禧心裏最清楚。於是，慈禧轉而又慶倖有這樣一樁事情出來。她是一個最善於把握機會打擊别人擡高自己的人，不但不指責丁寶楨，反而發佈明諭嘉獎他不畏權勢鯁直忠貞，有古大臣之風。過了幾年，東鄉案發，文格離川，慈禧又提拔丁寶楨爲川督。丁寶楨赴川之前，慈禧命他進京陛見，又當面表揚他。這丁寶楨冒着丢官的危險幹了這樁事情，結果不僅出盡風頭，還升了官，真是大大出乎意外。丁寶楨感激慈禧的英明大度，遂鐵心爲朝廷辦事。

東鄉發生的冤案，爲官幾十年的丁寶楨不是不明白其中的曲直，但他不想翻這個案。一來他怕牽累許多當事人，於自己於他們都不利；二是他顧慮東鄉翻了案，以後鄉民都會傚尤，四川的錢糧就不好收了，他這個總督也就不好當了。爲自己着想，爲朝廷着想，明擺着是冤案，也以不翻爲好。這便是此案復審後不能翻過來的關鍵原因。然而張之洞不能容忍這種草菅人命的做法，書齋裏泡大的清流黨骨幹篤守孟子『民爲本』的古訓，把四百多條人命看得比一省的錢糧重要得多。

『叔嶠，你剛纔説與你一同進京的還有幾個人，他們是誰，進京後住在哪裏？』

『這次進京來的，除我外，還有兩個。』楊鋭答，『他們都是東鄉人，家裏都有親人被冤殺。一個

名叫何燃，是錦江書院的。一個名叫黃奇祥，也是尊經書院的。何燃有個遠房親戚做內閣中書，他和黃奇祥一同住在這個親戚家裏。』

張之洞點了點頭，又問：『你們也一起商量過了嗎，進京後怎麽辦呢？』

『商議過，商議過。』楊鋭情緒頓時高漲起來，說，『一是找幾個説得起話的川籍大官吏，如工部侍郎郭心齋、太常寺少卿李岫雲等人，請他們代轉東鄉縣的狀子。二是找都察院，懇請吳鎮聯絡幾個人再次上疏。另外，我們三個人還打算在前門外、天橋、琉璃廠等熱鬧地帶散發東鄉冤案的狀子，以求過路君子幫忙。』

『你們這是蘇三的法子。』張之洞淺淺地笑道。

楊鋭不好意思地笑了一下，說：『這是没有法子的法子，或許有張狀子能落到一個好心的大員手裏，也未可料定。』

『最好不要用這個法子。』張之洞沈吟片刻說，『萬一有人説你們擾亂市井秩序，向步軍衙門告你一狀的話，東鄉的事情没有辦成，自己倒先落了難。』

『是，是。這個法子不用。』楊鋭忙點頭。『臨走前一天，王壬秋山長特爲把我們召去。』

『王闓運這幾年的山長當得如何？』張之洞打斷學生的話。他顯然對這位王山長有很大的興趣。

『壬秋先生這個山長真是當得妙極了！』尊經書院的學子突然間變得眉飛色舞起來，興致盎然地演説着他的山長，『他的學問文章之好是不待説了，這是天下的共評。他的爲人之倜儻，授課之風趣，言談之機鋒，若不是受過他的親炙，是決然想像不出來的。聽他講學，簡直好比赴太牢之宴，聽韶樂之音，是人生最大的享受！』

『尊經五少年』之首滿面紅光，雙目流彩，似乎已陶醉在王闓運所營造的美輪美奂的學術境界中。

張之洞看到不脱稚氣的楊鋭的這番表情，不禁發自内心地羨慕起來：這就是少年情懷！多麽純潔，多麽真誠啊！當年自己也曾這麽崇拜過心中的偶像，而現在再也没有這種單一的心境了。再崇高的人物，哪怕就是周公孔孟出現在眼前，也不會這般傾心。這是人生的成熟，這也是人生的悲哀！

『特别令人折服的是，』楊鋭仍没有從陶醉中醒過來，繼續説，『每月朔日，總督丁寶楨帶着一批司道大員、成都將軍魁玉帶領一批提鎮大員，親來尊經書院聽壬秋山長的課。他們和學子們一樣，上課前向山長鞠躬，然後一個個端坐聽課，不説話，不抽煙。山長坐在講堂上，天南地北，隨意發揮，就像天女散發花似的，落英繽紛，美不勝收。一個多時辰過後，山長講完了，又一個個向他鞠躬告别。每月朔日這天，尊經書院翎頂輝煌，綠呢大轎堆滿校園。大家都説，除開尊經，天下還有這樣的書院嗎？除開壬秋先生，天下還有這樣的山長嗎？我們這些做弟子的，真是覺得榮耀極了。』

張之洞默默地聽着楊鋭有聲有色的叙述，心裏想：尊經書院由王闓運來掌院，可真正是選對人了！十年前，張之洞和王闓運就有過親密的交往。

同治九年，張之洞從湖北學政任上卸職回京。那時，王闓運正在京師盤桓，以一闋《圓明園詞》飲譽京師詩壇。文人雅士集會，都爭相邀請王闓運。王闓運則每請必去，每去必賦。他的捷才贏得衆人的嘆服。就是在這種宴飲場合中，同樣也是詩文滿腹的張之洞，與王闓運結成了互相欽佩的好朋友。尊經書院落成後，學政張之洞心中的山長人選，第一個便是在湖南設帳授徒的王闓運。但薛煥是創建尊經書院的發起人，又是在籍侍郎，第一任山長由薛煥來做，又似乎更適宜。於是張之洞致函聘請王闓運做書院的主講。王闓運自恃才高名大，不願做屈居山長之下的主講，遂不入川。丁寶楨早年

在長沙做知府時，便禮聘王闓運做西席，後來做魯撫，又聘請王闓運在濟南做了兩年幕僚，關係非比一般。丁寶楨一到四川，即下聘書請王闓運做尊經書院的山長。王闓運一接到聘書也便來到四川，並把尊經書院當作自己的事業所在，大有士爲知己者死的味道。

想到這一層後，張之洞不僅慶倖尊經書院得人，也爲丁寶楨禮賢下士的品格所感動，不知不覺間對他的憤怒也減去了三分。

『叔嶠，說段王壬秋的掌故給你聽！』張之洞突然間來了雅興，楊銳興奮得忙正襟危坐洗耳恭聽。

『咸豐十年的春闈，本來我是要去參加的，不料堂兄奉旨充任同考官，於是祇好迴避，眼睜睜地失去了一次機會。王壬秋那年去考了。他是咸豐五年中的舉，連考兩科會試都未中，這是第三次了。頭場考四書文，他興之所至，亂發議論。卷子交上後，細思又出格了，此科必罷無疑。他是個最任性子最愛出風頭的人，心想一不做二不休，橫竪是落第，不如出它一個大格，留一段佳話在科場史上也好。第二場考五經義。他丟開五經不議不論，卻洋洋灑灑地寫下一篇大賦，還給它標個題，叫做《萍始生賦》。閱卷官看到這份卷子後大爲驚駭，都說這是有科舉考試以來破天荒的第一次。』

『有這樣的事！』楊銳瞪大着雙眼，隨即由衷地讚嘆，『這樣的事，祇有大英雄纔做得出，壬秋先生真是大英雄！』

張之洞笑了笑說：『王闓運此舉驚世駭俗，的確不是常人所能爲的。這篇賦因爲是寫在試卷上，故很快便流傳開來，甚至比《圓明園詞》還要傳得廣。』

『香師，這篇賦你還記得嗎？背給學生聽聽。』楊銳急着問，恨不得立即把這篇奇特的賦全文銘記。

『賦很長，我背不全，祇記得開頭幾句。你回四川後再去問你的山長吧！』

楊銳仍不死心，央求道：『您就把開頭那幾句背給學生聽聽吧！』

張之洞礙不過學生的懇求，略爲想了想後背道：

有一佳人之當春兮，蘊遥心於曾瀾。淡融融不自恃兮，又東風之無端。何浮萍之娟娟兮，寫明漪而帶寒。隱文藻與冰落兮，若攬秀之可餐。苟餘情其信芳兮，豈猶媚之香蓀。覽生意之菲菲兮，蓋漾影而未安。退靜理夫化始兮，悵結帶以盤桓。

張之洞一邊背誦，楊銳一邊搖頭晃腦地在心裏附和。直到張之洞停住好長一刻後，楊銳知道他背不下去了，纔嘆道：『這浮萍之形態，直讓山長給寫活了。如此好賦，學生竟未讀過，真是慚愧。回川後一定求山長寫給我，一天吟它幾回。』

『我們扯得太遠了，還是言歸正傳吧！』張之洞把撒得漫無邊際的網收了回來，說，『剛纔你說王壬秋把你們召去，傳授什麼錦囊妙計了？』

『不是錦囊妙計。』楊銳說，『山長說，東鄉案子定了這多年了，復審也沒翻過來，找別人都沒用，祇有一個人可以回天。』

張之洞似乎已意識到，王闓運說的這個有回天之力的人，很可能就是指的自己。

『我們問壬秋山長，這個人是誰。他說，此人就是你們的前任學臺張大人呀！』

果然不錯！張之洞對老友的信任頗感欣慰。

楊銳盯着張之洞，見前任學臺大人在微微點頭，心中甚是喜悅，忙接着說下去：『壬秋山長說，張學臺雖不是四川人，但他在四川做過三年學政，對四川是有感情的。東鄉案件出來，他正在四川，前前後後都清楚。尤其難得的是，張學臺忠直耿介，敢於仗義執言，而且他的奏章寫得好，有力量，

最能切中要害。你們看他關於伊犁一事的那些奏章，哪一道不是擲地作金石聲，朝廷不按他的辦行嗎？你們去北京找他，就說我王壬秋拜託他啦，東鄉四百多冤魂要靠他來超度哩！』

老友如此信任的這番情感，使得張之洞熱血沸騰起來，大聲說：『壬秋知我，就憑他這幾句話，我張某人也非爲東鄉冤魂上疏不可！』

『謝謝，謝謝香師！』楊銳很感動。稍停一會，他又補充一句，『壬秋山長說，東鄉一案不關丁制臺的事，請張學臺在涉及到丁制臺時筆下留情。』

張之洞哈哈大笑起來：『這個王壬秋，又要討東鄉人的好，又要討丁寶楨的好，也够圓滑的了。』說罷起身。又說：『叔嶠，你今天設法找到你那兩個同伴，明天一起到我家來，把這幾年東鄉案子的情況詳詳細細地向我稟報，不能有半點虛假，我來爲你們上疏請聖命。』

楊銳忙起身，打躬作揖，然後急急忙忙地離開張府。

七　前四川學政爲蜀中父老請命

爲了談話方便，張之洞把何燃、黃奇祥也接到自己家裏住，夜晚和楊銳一道擠在小客房裏。張之洞和他們一連談了三天話。三個川中學子對他們心目中德高望重的前學臺大人，詳詳細細地述說東鄉一案的冤情，述說朝廷對此案的不當處理後東鄉農人的憤恨和省垣士紳的不平。又說，若此次再得不到公平處理，四川的人心將難以安定，其後果當不可預測。何燃、黃奇祥都有親人在此案中罹難，切膚之痛使得他們更加情緒激昂，說到傷心時甚至嚎啕大哭，涕泗滂沱。張之洞的心情十分沈重。王夫人間或也坐在一旁聽聽，民間的疾苦常常令她黯然淚下。

前此三天，何燃、黃奇祥搬出了張府，仍住到原借居的地方，他們和楊銳一起在京師四處活動，將東鄉的冤案遍告官場，以便取得更多人的同情和支持。張之洞則在書房裏苦苦地思索着，如何來寫這道奏章。

這是道棘手的奏章，棘手之處很多。

首先，它要推翻已經定了五年之久的舊案。案子翻了，便意味着原判錯了，這便要牽涉到很多人：既有朝廷方面的，也有四川方面的。朝廷方面，處理此案的吏部、都察院的那些官員都還在原來的位子上，他們會認錯嗎？四川方面，當時的總督文格雖免了職，沒過兩年又調到甘肅做藩司。據說此人人緣最好，關係最多。弄到他的頭上去，今後好收場嗎？

其次，棘手之處還在於要否定去年恩承、童華的復審。無疑，這既要得罪兩位朝中大員，又要得罪丁寶楨。恩承、童華都是資格老、羽翼廣的前輩。尤其是恩承，正經八百的黃帶子，據說辛酉年的變局中，此老還是有功之臣，連慈禧都從不對他發脾氣。這樣的人開罪了，日後隨便扔雙小鞋給你穿，你受得了嗎？還有那個丁寶楨，也的確不是一個平庸人物，張之洞對他懷有三分敬重，也有三分畏懼。他連安得海都敢拘捕斬殺，若與他結成對頭，他會和你善罷甘休嗎？

第三，這又是一個抗糧的案子。完糧交賦，自古以來，就是做老百姓的天職。沒有百姓的糧賦，朝廷喫什麼？官府喫什麼？八旗綠營喫什麼？國家缺了糧賦，還能維持得下去嗎？盤古開天地以來，哪朝哪代不是把向百姓徵糧徵賦當作頭等大事來做！同樣，也把百姓的抗糧抗賦當作頭等大案來鎮壓。抗糧，這是個多麼可怕的罪名！聚衆抗糧鬧事，簡直如同反叛，鎮壓討伐，理所當然。殺一儆百，鎮壓東鄉的目的，就是要穩住整個四川，甚至全國。這個道理是明擺着的，丁寶楨的話並沒有

錯，身爲朝廷命官的張之洞也知道此中的關係。

那麽，東鄉這個案子就不要去翻了？抑或是自己不去插手，讓別人去做？

張之洞背着手在書房裏緩緩地踱來踱去。夫人親手端來的銀耳羹擺在書案上很久了，他也沒有心思去喝一口。他焦急着，心裏煩躁不安，腦子裏思緒紛雜，一團亂麻似的難以理清。

『不，不能！』張之洞突然發狂一樣的在心裏喊叫。儒家信徒的『民本』思想，言官史家的職守使命，前任學政的道義責任，熱血男兒的天理良心，所有這些都告誡他，敦促他，決不能袖手旁觀，決不能冷漠澹然，決不能因個人得失而放棄人間公道！

張之洞停止踱步，毅然坐到書案前，將已冷了的銀耳羹一口吞下，決心義無反顧地爲東鄉冤民上疏請命。

他托腮凝思。

東鄉一案的關鍵是屬性。若屬聚衆抗糧鬧事，則派兵鎮壓並無大錯，失誤祇在殺人過多。顯然，光緒元年的定案之所以對當事人處理過輕，光緒四年的復審之所以維持原判不變，都是基於這種認識。

但事情原本不是這樣。

案發的第二年春天，張之洞到綏定府考試生童，東鄉縣屬綏定府管轄。考試中，有十多份試卷不是按題作答，而是向學臺訴説東鄉的冤情。張之洞確信此案一定冤情甚重，否則生童不會做出此種違規之舉。出於同情，張之洞沒有斥責這些生童；限於身份，他也沒有將此事告訴撫臺和兩司。他祇希望朝廷能秉公辦理，早安人心。這些天，聽了楊鋭、何燃等人的叙説，他心裏更有底了，此案不是抗

糧鬧事，而是對苛政的不滿。

做過三年四川學政的張之洞，對蜀中官吏的苛徵勒索深有瞭解。是的，現在就藉爲東鄉民人伸冤叫屈的機會，向太后和皇上奏報四川賦税的實情。他提起筆，將自己所知的一切寫了出來——

四川的賦税與他省不同。咸豐中葉，軍餉緊缺，朝中大臣議定四川於錢糧之外再加津貼。所謂津貼，即按糧攤派，正賦一兩，則額外再徵收一兩。咸豐末年，則又議於津貼之外加收捐輸。所謂捐輸，也是按糧攤派。四川全省一百六十州縣，除最爲貧苦的二十多個州縣外，其他各州各縣皆派及，或一年一派，或兩年三派，全是藩司決定。每縣地丁五六千金的，捐輸則派到萬金之上，這筆銀子都攤到各人頭上，不能少出。而所有這些，纔祇是報部完餉的正款，至於州縣府各級的耗羨、運費還不算在內。不僅僅這些，四川省還有許多雜派，其中雜派最多的是各種名目繁多的局，如伕馬局、三費局等等，此等局員的開支皆取之於民。各種雜費加起來，農人上繳的多於正款的錢糧，多則十倍，少的也到了五六倍。更可恨者，川省官吏還規定，農人必須先完雜費再完正款，一切完清後官府纔發串票。若不繳雜費，即使完清正款的也不發串票。無串票，官府可視爲未完錢糧而拘捕。川省官吏的這種手段，可謂狠毒。

他省捐輸，不過偶一爲之，即有勒派，也祇加累富室而已，而川省捐輸之數，一向由藩司派定，照文徵收。從前歷次奏報中所説的東鄉農人於正賦外每兩加錢五百文，並非向富室勒捐，而是向每個人頭加派；也並非爲國家增收財富，而是州縣府各級官府用來肥私利己。東鄉鄉民的憤怒正是衝着這一點而來的。

此外，東鄉從同治八年以來，六七年間向鄉民徵收數萬銀子，而縣衙門從未有一紙清賬向鄉民公

佈。鄉民要求公佈賬目清單，這也是合理的舉動，不爲過分。東鄉鄉民憤恨加賦，請求清賬，這兩件事合起來，被縣令孫定揚誣告爲聚衆抗糧鬧事，派兵鎮壓，造成了大血案。

張之洞寫完這段話後，放下筆來，長長地吁了一口氣。這口氣已經憋了很多年了。

在四川做學政期間，眼看川民爲官府的敲詐勒索而怨聲載道時，他就憋了一肚子氣，回京師幾年來這口氣也一直沒有機會吐出。現在藉東鄉之案上此奏章，既爲東鄉的翻案找到了依據，又爲川民說了話，出了這股多年悶氣。自己的俸祿，名爲朝廷發給，而朝廷並不種田織布，還不都是百姓的血汗？因此當官要爲民作主，乃天經地義。身爲言官，爲民請命，正是本職所在。今天的這份奏章，纔是名副其實的言官之摺。想到這裏，張之洞頗爲興奮起來。

『懿嫺！』他突然高聲叫起夫人的芳名來。

王夫人正在東厢房裏與春蘭逗女兒玩，猛聽得丈夫呼她的閨名，甚是驚奇，春蘭也感到意外。通常，張之洞都不叫夫人的名字，當着夫人的面説話時從不稱呼，對下人說話則用『夫人』二字代替。出了什麼事兒？王夫人忙不迭地跑出東厢房，春蘭牽着小姐跟在後面。

『怎麼啦，四爺！』

還未踏進門檻，王夫人便氣喘吁吁地問。踏進門後，却見丈夫滿臉得色地站在書案邊。

『你吩咐春蘭，今天中午包餃子吃！』

『有什麼喜事了？』見丈夫高興，王夫人也高興地笑起來。

這幾天，張之洞爲東鄉的事愁眉苦臉，茶飯不思。王夫人看在眼裏，疼在心頭，但他知道丈夫的脾性，不敢多問。張之洞雖然生長在貴州，但家裏一直保持着北方人的生活習慣，經常吃麵食，逢年

過節，或來了北方籍的客人，則包餃子以示鄭重。張之洞繼承這個家風，遇到喜慶，則安排家裏包餃子。王夫人和大根、春蘭都是北方人，一聽包餃子，更是滿心歡喜。

張之洞對夫人說：『我張某人做了三年四川學政，總覺得欠了蜀中父老一筆很大的情，今天總算還了一點，故先來個自我慶賀。』

看着丈夫臉上綻開發自內心的笑容，王夫人甚是快慰。她忙叫大根上街去割肉買韭菜，然後帶着春蘭親自下厨張羅。

張之洞繼續構思他的奏章。

東鄉鄉民不是無理取鬧，而遭到如此慘毒的殺害，這就是冤案。冤案不雪，民心不服。民心、民心，張之洞想到這裏，心情陡然沈重起來。

童年和少年時代在興義府長大的張之洞，經常親眼看到貧病交加的貴州老鄉流落街頭、逃荒討飯的情景。一年到頭，光倒斃在知府衙門外的餓殍就數以百計。興義府所屬各縣的苗民常常鬧事，身爲知府的父親一面彈壓，一面也同情，在飯桌邊對家人說：『苗民没飯吃，没衣穿，受苦受罪，鬧事也是逼出來的。』父親的這些嘆息，深深地印在張之洞幼小的心靈中。

青年時代回直隸老家參加鄉試，後又去河南巡撫衙門做幕僚，再後來又去浙江、湖北、四川，從西南到京畿，從江南到荆楚，張之洞所到之處，民不聊生的多，富裕小康的少；人心浮動的多，安居樂業的少；怨聲載道的多，歌功頌德的少。真的是國本鬆動，民心可慮呀！

身爲大清詹事府官員，理所當然應當藉東鄉一案的典型事例，將『民心』二字的重要向太后、皇上指出，這實在是關係到大清長治久安的頭等大事，也是身沐皇恩的大清臣子對朝廷的最大忠誠。張之

洞想到這裏，凛然提起筆來繼續寫下去。豐厚的學養，過人的記誦能力，使得他在引經據典這方面，一向得心應手，左右逢源——

我朝深仁厚澤，美不勝書，然大要則有二事：一曰賦斂輕，一曰刑罰平。賦輕不至竭民財，刑平則不肯殘民命。順治元年，世祖告誡群臣，凡官吏蒙混倍徵者殺無赦。十三年又下令嚴禁加派。康熙五十二年，聖祖特頒『永不加賦』之諭。此爲古今數千年所無之善政。至於好生惡殺，慎重刑辟，乃列聖相傳之心。順治十年，聖諭告誡：死者不可復生，誤者不可復改，務必平心守法，使人不冤。康熙十二年敕刑部，所押罪犯，凡情罪稍可矜疑者概行省釋。康熙二十四年又規定，凡官吏犯有貪污之罪，概不寬免。

接下來，張之洞又列舉康熙、雍正、乾隆、道光等朝對幾個大案件的慎重處理事例。因爲懲治了貪官污吏，故而贏得民心，在史冊上留下美譽。這些先例應是這次處理東鄉冤案的借鑒。最後，張之洞傾注滿腔之情，爲這道奏章收了尾：

臣來自蜀中，實有見聞，若不發言，上無以對朝廷，下無以對四川通省之士民。願皇太后、皇上深惟祖訓至嚴，人命至重，民心可畏，天鑒難欺，關係至大，不獨一蜀。應如何覈議之處，恭候聖裁！

擱下筆，張之洞這纔發覺肚子已餓了，對着窗外大叫『開飯』。王夫人笑吟吟地走過來告訴丈夫，全家人爲等他吃餃子，中飯已足足推遲一個時辰了。

吃完飯後，張之洞在小庭院裏散着步，思維仍沒有從東鄉案件中解脫出來。東鄉發生的這一起四百多條人命的重大慘案，完全是人爲的，縣令孫定揚、提督李有恒負有主要責任，不殺這兩個人不足

以平民憤，也不能達到爲這起冤案平反昭雪的目的。上午的奏章還沒有來得及講這一點，而這個體現四川通省士民的要求必須上達天聽，請求聖旨批准。因此，很有必要再附一片。

張之洞匆匆結束散步，走進書房，又拿起筆來。正要動筆時，關於東鄉之案的另一方面的情況突然浮出腦海。而這，又恰恰是這幾年來無論定案，還是復審時都被各方忽視了。張之洞在四川時就聽說過，前兩天楊銳、何燃、黃奇祥也說到了。原來，此案發生前還有這樣一個過程。

光緒元年春天，一股對苛政不滿的情緒，開始在東鄉縣四鄉農人中蔓延，大有釀成事端的可能。綏定府知府易蔭芝得知這一情況後，立即指示縣令孫定揚下鄉查訪實情，並主張減輕勒索，緩解民怨。孫定揚拒不執行，反而向川北鎮請求派兵鎮壓。易蔭芝派人飛馳川北鎮，止其發兵。又派署太平縣令祝士棻前往東鄉。祝士棻與四鄉農人和談，並簽字畫押，遵守共同訂下的條款。東鄉民情有所緩和。不料，孫定揚向省垣告易、祝二人的狀。於是總督文格派出總兵謝思友帶兵前往東鄉。謝思友到了東鄉後知道農人並非叛逆，遂施行安撫之策。後來，易、祝、謝三人均遭彈劾，由提督李有恒、縣令孫定揚一手造成了那場慘禍。

張之洞認爲，這個慘痛的教訓應該給人們以重大的啓示，即負有地方之責的官員，必須時刻關注民情，應制止事件於剛萌芽的時候。如此，則不易出現難以收拾的大變。東鄉之事，若按易蔭芝的辦法去做，早減捐勒，則不會惡化。另外，同一件事情，處理方式不同，也會引出完全不同的結果。若遵照祝士棻的方式去做，與鄉民相約畫押，各自信守，則將會平靜地解決紛爭。若按謝思友之法，安撫鬧事之人，則能消去怨氣，也不會使事端激發。可惜的是，三個有識的官員，卻被無知的庸吏給排擠了。

張之洞想，一定要把這個過程向朝廷報告，一定要表彰在東鄉事件中那三個見識卓越而遭到不公平彈劾的好官。這對各省各級官吏都是極好的教育，從提高辦事才能、整頓吏治這個角度來看，或許比平反一個東鄉冤案更顯得重要。

張之洞提起筆來，爲附片擬了一個『陳明重案初起辦理各員情形片』的題目，然後筆走龍蛇，把自己的這段認識急速地草擬出來。

掌燈時光，楊鋭風塵僕僕地回到張府，向老師禀報了兩天來外出活動的情況。

這兩天，楊鋭拜訪了一位川籍御史、兩位川籍内閣中書，又在一個中書的引導下，拜訪了一位川籍户部侍郎。這些官員對東鄉冤案都予以同情，但鑒於復審仍維持原判，又都認爲要翻過來是件棘手的事，不能急，祇能慢慢尋找機會。

『香師，我們怎麽能不急呢，我們不能在北京久住呀！若此案無一點進展，如何回川見父老鄉親呢？』楊鋭滿是稚氣的圓胖臉上流露出幾分憂愁。

『你們的心情可以理解，不過他們説的也有道理。』張之洞説，心裏在想着『機會』二字。是的，若是遇着一個好機會的話，的確事情會要好辦些。但是，機會，機會在哪裏呢？

『叔嶠，我已草擬了一摺一片。你先看看，有什麽想法，也可以説説，這是草稿，還要修改。』

張之洞走到書案邊，拿起寸把厚的一叠紙來交給楊鋭。

『哎呀，您寫了這麽多！』楊鋭又驚又喜，忙雙手鄭重接過，仿佛捧起了東鄉士民的希望。

奏章，在年輕的士子楊鋭的心目中，有着無比神聖的地位。這是寫給太后、皇上看的呀，若一旦被他們認可，墨寫的文字就會變成鐵的現實。楊鋭寫過不少文章。他的文章被公認爲寫得好，但那些文章有什麽用呢？他心裏想，再好的想法，再有益於國計民生的建議，對不法情事的再嚴厲的抨擊，統統不過是紙上的文字而已，無絲毫實際意義，因爲你不可能將它廣爲散發，你的錦綉文章有幾個人讀呢？祇有奏章這種文章纔有作用，這纔是真正的經世濟民的文字。回川後一定要更加發憤苦讀，科場一定要順利，要由舉人而進士，由進士而翰林，早一天取得香師今天的地位，早一天爲國爲民上疏進言！

楊鋭懷着這種心情，一字一句地仔細讀着。張之洞的奏議，章法嚴謹而不呆板，遣辭準確而不乾澀，論據廣博而不蕪雜，建議周詳而不浮泛，素來享有很高的聲望。這一摺一片也同樣充分體現出『張奏』的特色。楊鋭完全被它的魅力所吸引了。

就在楊鋭閲讀的時候，張之洞的腦子裏又萌生了一個想法：在四川三年期間，親眼看到蜀民的苦痛不知有多少，但回京這些年來，却並没有看到川督川藩上過關於百姓困苦的奏疏，連川籍京官也不言及。地方官向來是報喜不報憂，掩藏危機，粉飾太平，以此來换取自己的升官晋級，至於百姓的生與死，則從不往心頭上記掛。京官每年要接受來自家鄉的地方官送來的冰敬和炭敬，以及其他各種名目的禮品。拿人家的手短，當然就祇有靠説好話來回報。如此内外一致，太后、皇上就被蒙在鼓裏了。在朝廷的眼中，巴山蜀水，仍然還是千年前史册上的那句老話：天府之國，富甲天下，殊不知如今已大不然了。應該趁此機會，把蜀民的苦困向太后、皇上奏報，既可以讓朝廷瞭解四川的實情，又有利於東鄉案子的再次審查。正要提起筆來時，他忽然覺得自己渾身都已疲倦了。

張之洞一向體質不强，三十多歲時兩鬢便有了白髮。四十歲過後，他常常有一種日趨衰老的感覺，心中不免有些恐懼：一生真正的事業尚未開始，這樣下去怎麽行呢？今日一天之間連擬了兩份奏疏，

精力花費太多，更覺得比往日勞累。明天再寫吧！這個念頭剛一出來，便被他立即壓下去了。

張之洞是個性格倔强、意志堅毅的人，想辦的事就非要辦成不可。一天之內連上三道奏摺，這在他的過去是沒有過的事，滿朝文武中也罕有人做過這等事。然惟其如此，纔能引起朝廷的重視，纔能體現一個前四川學政的關愛蜀民之心。

『香師，正摺和附片我都拜讀過了。東鄉冤案，有您這樣的奏章遞上去，一定會很快昭雪的。』

楊銳一顆熱切的心被張之洞的奏稿所深深打動，並由此而更增添了對老師的敬意。

『但願如此！』張之洞說。他斜倚在靠背椅上，讓全身最大限度地放鬆。

『香師，您的這兩份奏稿，可不可以讓我來替你謄正？』

楊銳的眼睛裏射出熱烈的目光。對於一個肩負父老鄉親重託的尊經學子來說，對於一個巴望仕途順利早日成爲國家棟樑的年輕秀才來說，這是一件太富有意義的事情了。

見張之洞沒有做聲，他又趕緊補充一句：『讓我謄抄一遍吧，如果不能上奏，留下做個底子也好呀！』

若是在平時，張之洞是決不會同意楊銳這個要求的。一來親自謄正奏稿，也是臣子對君上的一種忠誠的表示；二來畢竟還不是繁劇在身，有時間自己謄抄。但今夜還要草擬一個附片，分不出時間來，而瞬間冒出的另一個想法，更促使他很快作出了決定。

他想起了二十年前，他第一次會試落第，到河南開封堂兄張之萬那裏去做客。張之萬很器重這個堂弟，除密摺外，通常的奏摺，從草擬到拜發的過程，他都讓時年二十五歲的堂弟參與，或讓他起草，或要他謄抄，或給他看幕府中師爺們的稿本。就在這個過程中，張之洞得到很多見識。張之萬有

時笑着對他說：『我這是在培養未來的疆吏。』張之洞終生記得堂兄的這份情誼。眼下這個剛過弱冠的尊經士子，其資質、品性、學識、才情都不在當年自己之下，將來的前途不可限量，正好讓他參與這幾道摺片的形成過程，藉此歷練，也好使他終生對老師有一個美好的印象。

得到老師的明確答覆後，楊銳熱血高漲，一種神聖感頓時充滿他的全身。張之洞找出幾份自己留下的奏章副本，詳細地把格式和寫法給學生講了一遍，然後走出書房。他擡頭看了看天空，月牙彎彎，繁星密佈，深黑的天穹奇妙莫測，它給人以强烈的誘惑，又易使人生發出無窮的喟嘆。一股夜風吹來，張之洞覺得有幾分寒意，已是二更時分了。

洗過一個熱水澡後，張之洞又恢復了白日的旺盛精力，回到書房時，楊銳正在燈下一筆一畫地認真謄抄。他從背後看了一下：書法端莊秀麗，格式也符合要求，心裏甚是滿意。一坐在書案邊，四川百姓生計困苦的景況，又浮現在他的腦子裏。

據楊銳說，上次恩承和童華從四川回京奏報朝廷，說一兩正款之外所加收的錢衹有四千二百文，其實遠不止這個數。四川鄉民老實聽話，若僅衹此數，大家再苦，也會咬緊牙關交出來。事實上，最貧瘠的縣，一兩正款之外也要加收六兩左右的銀子，許多縣高達十兩。這筆銀錢百姓實在負擔不起。至於東鄉縣，則更爲嚴重。這是張之洞還在四川時就已經知道的。東鄉縣令孫定揚爲填滿他本人及衙門裏那一夥貪婪之徒的腰包，巧立名目，橫徵暴斂，竟然在一兩正款之外收取高達十三四千文的苛捐雜稅。知府易蔭芝嚴減爲七千文，已經不低了，但孫定揚不聽，我行我素，依然徵收十多倍於正款的錢。孫定揚正是逼迫百姓反對朝廷的那種貪官污吏！

張之洞想到這裏，頓時怒火滿腔。他鋪紙研墨，奮筆疾書：

古人云：天心在民心，民安即國泰，民定則國寧。減捐輕賦以甦蜀民，此今日治蜀之第一計也。孫定揚逼民於絶路，李有恒濫殺至無辜，彼輩不獨爲蜀民之罪人，實爲朝廷之罪人。從來壞聖君之英名，毀大業之根基者，皆孫、李等亂政殘民之蛀蟲也。此輩不誅，民心何能得安寧，國家何能至大治，朝廷何能樹威儀，上天何能降平安？

『好，就這樣定稿！』

張之洞爲自己擬的這幾句文字興奮起來，將筆一扔，霍然站起。楊鋭正在屏息靜氣地謄抄，被張之洞這一聲高叫所驚動，知道老師又得絶妙之句，忙過來先睹爲快。

『香師，有您這幾句，孫定揚、李有恒不上斷頭臺，怕連太后都不會答應了。』

楊鋭説完，捧起這份奏稿，又大聲朗誦一遍，由衷佩服不已。

『不僅要藉他們頭來爲蜀中父老出一口氣，還要藉他們的頭來整一整天下的吏治！』望着夜色深沈的窗外，張之洞堅定地説。

『香師，快四更天了，您去歇息吧，我來抄，天亮之前可以抄好。如果您滿意的話，上午即可拜發。』

到底是二十剛出頭的小夥子，楊鋭一絲倦意都没有，反倒被爲民請命的崇高情感所激勵，情緒越發高昂了。

『叔嶠，你以爲這三道奏章上去，東鄉冤案就一定會昭雪，孫定揚、李有恒就一定會被砍頭嗎？』張之洞目光凝重地望着面色紅潤的年輕士子。

『有您這三道奏章上去，再有幾個人配合籲懇，事情一定會辦成的。』楊鋭很有把握地點點頭。

『可能不會有這麽便當。』張之洞轉眼望着書案上那簇橘黄色的燈焰，慢慢地説，『先前的定案和

去年的復審，都是有諭旨肯定的，現在要再請諭旨來推翻前定，談何容易啊！』

如同一盆冷水澆來，尊經書院的小秀才一時没有主意了，他呆呆地看着背手踱步的老師，口裏喃喃地念着：『那怎麽辦呢，那怎麽辦呢？』

是的，怎麽辦呢？張之洞也在苦苦地思索這個問題。遠處，似乎隱隱約約地傳來晨鷄的打鳴聲，天快破曉了！他毫無睡意，正陷於沈思中。

突然，他想起一件事情來，頓時心裏燃起一股希望，忙對楊鋭説：『不抄了，你也快去睡覺，這幾份奏章暫不拜發，過幾天再説。』

爲什麽要過幾天再説呢？楊鋭滿腹疑慮地望着頗有點情緒化的前學臺，他不能理解老師爲何陡然之間又發生了變化。

八　張之萬對堂弟説：做官是有訣竅的

十天前，張之洞接到鄉居多年的堂兄張之萬的一封信。信上説，醇邸邀請他進京小住幾天，叙叙別情，談談詩文。他很榮耀地接受了這一邀請，即日進京，將下榻賢良寺。

看信的時候，張之洞祇是爲兄弟即將見面而高興，並未作深思。今天凌晨，爲上摺子的事，他突然想起了這封信，心中似有一個亮點在閃爍。現在，張之洞睡了兩個時辰後醒來，獨自坐在書房裏，把堂兄的信找出來又重新讀了一遍，開始深入地研究這件事。

張之萬真正是個天下少有的幸運兒。

道光二十七年，張之萬高中狀元，金榜張掛後，即刻名動四海，全國士人莫不艷羨敬仰。三年後，

他督學河南，期滿後回京，充任道光帝第八子鍾端郡王奕詥的師傅。同治元年被擢升爲禮部侍郎，遵兩宮太后之命，輯前代有所作爲的帝王和垂簾聽政的皇太后的事跡，以供執政參考。慈禧很看重這部書，親自賜名爲《治平寶鑒》。年底出任河南巡撫。同治五年調任漕運總督，與曾國藩、李鴻章一道，受命防剿捻軍。同治九年調江蘇巡撫，十年升閩浙總督。這一年，張之萬年已花甲，母親八十二歲。

張之萬雖然官運亨通，但他書生氣濃厚，讀書爲文給他帶來的愉悦，更要勝過權力加給他的煊赫。他尤喜繪事，每天退下公堂後都要畫上幾筆，自我欣賞，其樂陶陶。況且他性情較爲沖和疏散，不太能耐繁劇。於是，在六十二歲那年，便以母老乞養爲由，拋開權高勢大的閩浙總督不當，致仕回南皮老家，過着悠閒自得的書畫生涯。

然而，張之萬此舉却給他在官場士林贏得極高的聲譽，衆口一辭讚揚他志趣高潔，事母至孝。以清廉自勵的張之洞對這位堂兄更是欽仰不已。

去年年底，九十歲的老母去世，年近古稀的張之萬恪盡孝子的職責，在母親墓旁築廬守制，謝絶一切應酬。爲何醇親王却在這個時候突然召他進京，難道僅僅祇是叙叙別情、談談詩文嗎？

張之洞知道，醇王和鍾王均爲莊順皇貴妃所生，關係從來就十分親密。張之萬在做鍾王師傅的時候，醇王也常常向他討教。張之萬亦對這位聰穎的皇七子殷勤至極。彼此之間的交往非比一般。現在，醇王的兒子做了皇帝，他在朝中的分量自然遠重昔日。同樣，他對國事的關心，也自然會遠過昔日。那麽，他此時召張之萬進京，一定有國事相商。然則，他們商討的又會是什麽國事呢？

張之洞決定派大根去賢良寺打聽一下，看看張之萬來了没有；如果還未來，將會在什麽時候到。既然是奉醇邸之邀，賢良寺一定會早作安排的。

下午，大根興沖沖地回來向四叔禀告：子青老伯已在三天前住進賢良寺，昨天拜會了醇邸，今天拜會鍾邸，要深夜纔會回賢良寺。

子青是張之萬的字。張之萬比張之洞大二十八歲。第一次見面時，張之萬已是五十多歲了，張之洞不知如何稱呼爲好。張之萬笑着説：『我已做了爺爺，開始進入老年了，你就叫我老哥吧！』張之洞稱張之萬爲子青老哥，大根便祇好叫他子青老伯了。

張之洞喜道：『你今夜守在賢良寺，務必要見到子青老伯，問他哪天有空，我去拜會他。』

第二天清早，大根回家説：『子青老伯説，中午請四叔過去，一起在賢良寺喫午飯。』

老哥如此熱情，張之洞興奮不已，忙吩咐大根去後院餵飽騾子，洗刷轎車。巳正時刻，張之洞懷揣着楊鋭謄抄的三道奏摺，坐上由大根駕駛的藍呢騾拉轎車出了門。

賢良寺在皇城附近的金魚衚衕裏，它並不是一座佛寺，原本是雍正朝怡賢親王的府第，現爲朝廷的驛館。各省督撫提鎮等文武大員進京陛見，大都住在這裏，爲的是便於覲見太后、皇上。

剛到大門口，一個身着長袍馬褂幹練機警的中年男子衝着大根問：『是四爺來了嗎？』

『是的。』大根邊答邊掉頭對轎車裏的張之洞説，『這位是子青老伯過去的幕友，我昨天見到他與老伯在一起。他可能是專門在此等候您。』

説話間騾車停住，張之洞從轎車裏走出來，中年男子迎上去，微笑着説：『給四爺請安！我是制臺大人派來接四爺的。我姓桑，桑葉的桑。』

張之洞從來没有見過此人，聽大根剛纔説是堂兄先前的幕友，便客氣地説：『桑先生，勞你久等了。』

『哪裏，哪裏。請進吧！』

桑先生陪着張之洞穿過一條兩旁花木扶疏，中間用黑白兩色鵝卵石鋪就的甬道，來到賢良寺的後院。這裏并排建有三座互不相連的四合院，院子結構小巧精細，四周環繞著古柏翠竹。比起前院來，此處更顯得清幽雅潔。張之洞來過賢良寺前院多次，却沒有到過後院，不知尚有這樣三座頗爲神秘的特殊建築。在左邊一座小院的門前，桑先生停止脚步，伸出右手，略微彎了彎腰說：『四爺請進，制臺大人正在裏面等着。』

張之洞也不謙讓，大步邁進了院子。

『是香濤來了嗎？』

隨着一聲洪亮的問話，一位精神矍鑠的老者走了出來。

『老哥！』張之洞熱烈地喊了一聲，快步走上前去，恭恭敬敬地向堂兄鞠了一躬。

『不要行禮，不要行禮！』張之萬扶着堂弟，滿是笑容的眼睛將他上下打量了一番。『十多年沒有見面，你也是中年人了，身子骨還好吧！』

『託老哥的福，身子骨好着哩！』

張之洞注視着睽違良久的堂兄：老是比先前老多了，但七十歲的人了，能這般精神爽朗，身板健旺，也真的不容易。他笑着說：『老哥，從你說話的聲音聽來，底氣比我還足哩！』

『哈哈哈！』張之萬大聲笑起來，說，『進來坐吧！』

張之洞隨着堂兄進了客廳。這裏擺着一色新製的梨木傢具，黑紅色的油漆閃閃發亮，茶几上放着太湖石盆景，牆壁上懸掛着鄭板橋、劉鏞等人的字畫。整個客廳顯得高雅脱俗。剛落座，便有衣着鮮

麗的小厮進來沏茶上糕點，安排好後，再悄悄地退出。

『我是大前天下午進的京，』張之萬端起雪白細胎起青花的宫廷用瓷碗，淺淺地吮了一口茶，說，『醇王府裏便派人在此等候了，故而前天便去拜謁醇王。深夜回賢良寺時，纔知道鍾王府裏的人已在此等候兩個時辰了，於是昨天又去拜謁鍾王。正在爲没有空去通知賢弟而發愁，恰好昨夜大根來了。我於是今天謝絶別的邀請，特請賢弟來此敘談敘談。家裏都還好嗎？』

張之萬的這份親熱，令張之洞感激，忙答：『都好，都好！能在醇王、鍾王之後我們兄弟就見面，也真是老哥的特別安排了。』

說話間，張之洞見堂兄一身布袍布履，知他拜會二王時都未脱守制之服，更對這位嚴守禮儀的堂兄倍添敬意，說：『大伯母仙逝，我也未能回南皮磕頭祭奠，心中實未能安。』

張之萬戚然說：『你遠在京師，自然不能回去。古稀孝子送九秩老母，無論生者還是逝者，都已無遺憾了。』

張之洞點頭說：『大伯母福大壽大，不僅是我們張氏家族的母儀，且足以表率鄉邦，垂範後昆。』

張之萬說：『老母臨終時，格外掛牽在外邊做官的你和滋軒。說爲國家辦事不容易，要你們兩郎舅自己多多保重。滋軒近來如何？他很長時間没有給我來信了。』

滋軒是張之洞三姐夫鹿傳霖的表字。張之洞有六兄弟八姐妹，鹿傳霖是他的三姐夫。

鹿傳霖是直隸定興人。父親鹿丕宗在貴州都勻府做知府時，張之洞的父親正在興義府做知府，二人既是同鄉，又同爲一郡之守，故成爲好友，進而結爲兒女親家。那一年苗民鬧事，攻破都勻，鹿丕宗夫婦同時被殺。二十歲的舉人鹿傳霖衝出城外，搬來官兵，收復都勻，由此聲名大震。後來，鹿傳

第一章　清流砥柱

霖投奔正在安徽與捻軍作戰的欽差大臣勝保。同治元年考中進士，選爲庶吉士，散館後沒有留翰林院，而是改放廣西知縣。這種資歷有個名稱，叫做老虎班。

原來，通常的進士放知縣，需要等候一段時期，待有缺出之後，纔能補缺成爲正式的縣令。庶吉士散館改放地方，不須等候，立馬上任。這就叫『老虎班』。虎爲百獸之王，獸類都怕它讓它，庶吉士下來的縣令，候補的進士們都得讓它，就像百獸讓虎一樣。這可能就是『老虎班』一詞的來歷。

鹿傳霖有着一般書生所沒有的膽氣，又有軍旅生涯的經歷，故而在平息地方騷亂，維持社會秩序方面，便遠不是通常的縣令所可比擬的。這些年來戰亂頻仍，各地均不太平，正是鹿傳霖施展才幹的好時機。於是，他便因此步步高升，官運亨通，由縣令而知府而道員，去年又升爲福建按察使，已做到負責一省刑名治安的高級官員了。比起這個能幹的姐夫來，祇小兩歲晚一年通籍的舅子，便要顯得遷升慢了。在仕途上，功成名就的堂兄和幹練通達的姐夫，常常是張之洞的鞭策。

『上個月收到滋軒的一封信。他在福建過得很好，家眷也都平安，年底第二個媳婦將過門。』

張之洞正想問一問幾個住在南皮的遠親的近況，桑先生走了進來，對張之萬說：『青帥，酒菜已在清風軒裏擺好了。』

『好。』張之萬起身，對堂弟說，『香濤，我們過去喫飯。』

走進清風軒，祇見古雅的八仙桌上祇擺着兩雙筷子。張之萬指着僅有的兩張靠背椅說：『今天這頓飯祇有我們兄弟倆，我們慢慢地邊吃邊聊。』

張之洞正要將東鄉的事情好好跟堂兄說一說，又要細細地打聽一下堂兄和醇王的這次不尋常的會晤，如此安排真是太好了。

兄弟倆坐定，喝了一口酒後，張之洞問：『老哥，這位桑先生是個什麼人？是跟你從南皮進京的，還是本就住在京師？』

張之萬搖搖頭：『既不是從南皮跟我來的，也不是住在京師的，他是應我的邀請，昨天從隱居地燕山脚下古北口來賢良寺與我相見的。』

隱居、燕山、古北口，與機警、幹練、灑脫交織在一起，立即在張之洞的腦子裏組成了一幅奇異的圖景。他對這位桑先生有着一股少有的濃厚興趣。

『這是個什麼人，您一進京，便把他從隱居地召來相見？』

『說來話長了。』張之萬微微一笑。『同治九年，我在江蘇做巡撫。有次在蘇州織造春熙府上做客，見他的客廳裏懸掛着一幅中堂，畫的是嵩山絕頂圖。莽莽蒼蒼，氣象萬千，甚得山水之奧妙。我自認爲畫山水四十多年了，尚畫不出此畫的氣概來。便問春熙，此畫是誰人所作。春熙說，這畫是朋友送的，據說畫畫的人就寄居在虎丘。大人若是喜歡，明天就派人去虎丘，叫他畫一幅更好的送給大人。我走到畫前，再仔細端詳着這幅嵩山絕頂圖，愈看愈覺得手筆不凡，便對春熙說，此人不能召喚，不要你派人去叫，得用轎子把他接到巡撫衙門裏來。春熙說，一個窮賣畫的，也值得中丞用轎子去接嗎？他哪裏受得起這個禮遇，多給他幾兩銀子好啦。香濤，你聽聽，這就是旗人的口氣！

『又是一個焚琴煮鶴的俗吏！』張之洞冷笑道。

張之洞這句話有一個典故。明代蘇州有個大畫家沈周，名重一時。有次在蘇州知府要找一個畫畫的人，左右推薦沈周。知府發朱票傳喚沈周，並命他立即在走廊上作畫。沈周對知府的無禮甚是惱火，便揮筆畫了一張《焚琴煮鶴圖》。知府不知沈周在譏諷他不懂藝術，居然把畫掛了出來，引來蘇州文

士們一片訕笑。

『香濤，大家都說你做詩用典確切，你這順手牽來的典故真是切得太準了。』

同是發生在蘇州的故事，同是官家對民間藝人的惡劣態度，相似之處，如同翻版。張之萬對堂弟的腹笥功夫由衷佩服。

張之洞笑了笑，沒有答話。

『第二天，我把自用的綠呢大轎派出去，從虎丘接來這位畫師，他就是這個桑先生桑治平，表字仲子。那年他三十出頭，長得一表人才。』張之萬滿臉喜悅地說下去，『我和他談了一個多時辰的話，發覺他不僅精於繪事，而且有着滿腹經濟之學，心中詫異：這樣一個難得的人才，怎麼會寄居虎丘古寺，靠賣畫謀生？我問他，他衹簡單地說了兩句：十年前遭遇一場大變故，事業毀滅了，從此便四海爲家，以鬻畫謀食。我問他收入豐厚不豐厚。他苦笑着說，看畫者多，買畫者少，收入菲薄，聊以度日而已。我便對他說，我愛畫畫，極願與你交個朋友，你間或也可幫我做點衙門裏的事；若不嫌棄的話，你就留在我這兒，我給你月支一份薪水如何？桑治平說，中丞大人對我如此器重，不容我不答應，衹是做不了什麼事，很覺慚愧。我笑着說，即使什麼事都不做，一個月畫一幅畫送給衙門也好呀！就這樣，桑治平留下了。後來我到福州，他也跟着去了。他果然每個月送幅畫給我，說是頂薪水。其實，他幫過我很多忙，出過不少好主意。同治十二年，我辭官回南皮。桑治平說，我又要闖蕩江湖了，但我會永遠與您保持聯繫。第二年他來信告訴我，已在古北口成家落户。香濤，我對你說了這麼多，是想介紹他與你認識。據我的觀察，此人不是一般的人，你今後可以和他做個朋友。』

張之洞是個喜好奇特的人，自謂喜讀天下奇書，喜識天下奇器，喜交天下奇才，喜做天下奇事。

剛纔在大門口一見面，桑治平便給他留下極深的印象，現在聽堂兄這番介紹後，他立即意識到此人是個與衆不同的奇人，遂點頭說：『這個桑治平的確不是凡庸，古北口離京師不過三百來里路，過些日子，我親自到他家裏去拜訪他，以示訂交的誠意。』

『好！』張之萬舉起酒盃來，『喝酒！』

張之洞將酒盃舉起，互相碰了一下，喝了一口酒，吃了點菜後，張之萬笑着說：『這幾年賢弟回京師來，連上了幾十道很有力量的奏章，朝野震動，太后召見，真正是名播海內。前天醇王爺還在我面前稱讚你哩。』

這是個重要的信息。張之洞忙問：『醇王爺說了些什麼？』

『醇王爺說，你的堂弟張之洞是條硬漢子，不怕洋人，太后賞識他，我也喜歡他，他是個有骨氣的人。又說，太后和我都同意他的意見，殺掉崇厚，給點顏色讓俄國人看看。衹是想到崇厚的祖上爲打江山出了大力，故改爲斬監候。太后和我都希望他今後多上好奏章。』張之萬順手捋了捋稀疏的花白鬍鬚，笑眯眯地望着堂弟說，『有你這樣的賢弟，老哥我的臉上都光彩不少。』

聽了這話，張之洞的心裏十分高興，一個重大的設想突然跳進腦子：何不趁此機會，請老哥引見引見，到醇邸去走一趟呢？如果東鄉這個案子得到醇王的同情，那就好辦多了。尤其是，如果與醇王建立起交往，則於今後的仕途，簡直有不可估量的好處。

張之洞做了十多年的京官，雖然見過醇王幾面，却沒有受到過醇王的接見，對於這位貴爲皇上本生父的王爺，他也衹是從道聽途說中得到的印象。醇王眼下除開一個親王的封爵外，不兼任何差。張之洞弄不清楚，這個僅衹四十歲的皇上本生父，究竟是對政事本就缺乏興趣呢，還是憚於西太后的威

權，不願插手其間，以免遭不測？抑或是暫作韜晦，待皇上親政後再圖作爲呢？對這位王爺的脾性打小起就瞭解，這幾天又頻繁出入王府的堂兄，於此必有自己的明識。

『老哥，請恕我冒昧，我直言問您一句話，您能答就答，不能答就算了。』張之洞放下酒盃，目光逼視着瘦瘦精精的堂兄。

『你要問句什麽話，這般鄭重其事？』張之萬不自覺地也放下盃筷，神情肅然起來。

張之洞將身子向前推移幾寸，直截了當地問：『醇邸這次召您進京，除敘別情談詩文外，還有別的事情嗎？』

張之萬望着堂弟那雙比常人略顯長大的雙眼，停了片刻，反問：『你說呢？』

『要我說，肯定還有別的事。』張之洞摸着酒盃，神情似乎比剛纔鬆弛了許多。『要不然，他不會將您這個古稀老者從偏遠的南皮突然召進京來。』

『讓你給說對了。』張之萬重新端起酒盃，淺淺地喝了一口，說，『其實你不問，我也會告訴你的，祇不過這是我們兄弟倆的私房話，你絕不能對外說起半個字。』

張之萬一直覺得自己對堂弟有所虧欠，故而特別照顧。這些年來，他常在書信中對堂弟談自己的宦海感受，以便堂弟多一些借鑒。張之洞對堂兄的這種關懷一向很感激。自然，與醇邸會晤這等大事，若不是出於兄弟情誼，張之萬是決不會說出其中的內容的；毫無疑問，這也是決不能對外洩露的。張之洞重重地點了一下頭。

『醇王要我出山。』

『噢——』張之洞長長地應了一聲，這頗爲出乎他的意料。『現在怕不行，還正在守制期間裏。』

『是呀！』張之萬輕輕地說，『醇王爺因爲不知道，聽我這樣說，他没有强求，祇好說一等服闋就進京吧！』

堂兄能東山再起，進京擔任要職，對張之洞來說無疑是一件求之不得的大好事。他忙說：『您没有推辭吧！』

張之萬笑着說：『我對醇王爺說，我山居六七年了，過兩年愈加老了，再出山也不能爲朝廷做什麽事。』

『醇王怎麽說？』張之洞急着問。

『醇王爺說，鎮撫國家，還得靠老成。皇帝一年年長大，再過幾年就要親政了，我要爲他預備幾個靠得住的人。你不要推辭，服闋即進京，一言爲定！我原是因爲親老而辭官的，現在老母已歸道山，醇王爺既然不嫌我老，我也就再没有別的理由不出山了。』張之萬樂呵呵地一邊說，一邊喝了一大口酒。

張之洞知道，當年若就是現在的局面，即醇王的兒子已登位的話，張之萬是決不會辭官歸里的。人之常情是久動思靜、久靜思動，說不定這些年他天天在南皮盼望着朝廷的徵召。想到這裏，張之洞很是興奮，他舉起酒盃，高聲說：『恭喜您，老哥，到時我回南皮接您！』

『哪裏敢勞賢弟的大駕！』張之萬自己更是滿心歡喜。

『老哥，我再冒昧問你一句話，醇王眼下不兼一差，也不過問國事，他究竟是怕妨礙兩宮太后，還是本於此無興趣？』

張之洞瞪着兩隻發亮的大眼睛，靜靜地聽着堂兄將要發表的意見，這可是關繫朝局的大事！

『哼！』張之萬冷笑一聲，說，『香濤，你是個史册爛熟於心的人，你想想看，歷朝歷代有哪個近支

王公對國事没有興趣？老説没興趣，恰恰就是最有興趣。何况自己的兒子現正做着皇帝，他醇王爺就真的能心如古井嗎？你聽我慢慢地跟你説。』

張之萬將盃中的剩酒喝完，張之洞忙提起酒壺給他倒滿。清風軒的侍役進來，送上一碗熱湯，又遞給每人一條熱毛巾。擦過臉和手後，張之萬對侍役説不要再添湯菜了。賢良寺的侍役懂規矩，知道住這裏的人都有些不能讓別人曉得的機密。侍役點點頭，接過毛巾，輕輕地出去，然後將房門拉緊。

張之萬繼續他的話題：

『咸豐四年，我從河南學政任上内召回京，爲鍾郡王授讀。那時，鍾王爺十三歲，醇王爺十四歲，兄弟倆因爲是同母所生，關係親密，互相往來頻繁，因此我也得以與醇王爺親近。我在兩位王爺身邊整整七年，真可謂親眼看着兩位王爺長大。不怕賢弟見笑，我與兩位王爺，名義上雖是君臣之義，其實已近於骨肉之情。』

説到這裏，張之萬的臉上流露出十分欣慰的神色。張之洞很能理解堂兄的這種欣慰，有如此經歷，真正是人生之幸。

清朝皇子的師傅，多出於殿試中的一甲三名，有幸被選作爲皇子的師傅，乃是極大的榮耀。若是福大命好，所教的皇子登基做了皇帝，做師傅的則會有天大的榮光和崇隆的地位。即使所教的皇子没有做上皇帝，因爲尊師重道的緣故，做過師傅的人也會受到皇家的尊敬，而享受到許多別人享受不到的優待；至於皇子，通常都會終身對師傅禮遇。張之洞探花出身，却没有被選爲皇子的師傅，他爲此而遺憾過很多年。

『師傅做得久了，我對於兩位王爺的脾性也摸透了。總的來説，兩位王爺都不屬於强悍一類。不僅是醇王爺、鍾王爺，包括文宗爺、恭王爺、孚王爺在内，都没有太祖太宗那種豪邁剽悍的氣習，這可能是宣宗爺敦厚仁慈的遺風所致，他們幾兄弟都秉性温良仁懦，其中尤以鍾王爺爲甚，其次便是孚王。比起三位皇兄來，他們的政事興趣要淡些，而醇王爺不是這樣。』

説到這裏，張之萬禁不住提高了嗓音。張之洞挺起身來正襟危坐，在腦子裏展開一張吸墨紙，要把當年皇子師傅的每一字每一句都吸收進來。

『醇王爺在政事上，有一種天潢貴胄所特有的責任心。在他看來，江山是祖宗打下來的，自己不管誰管？就憑這種責任心，文宗爺龍馭上賓時，他不能容忍肅順等人仗着顧命大臣的身份欺負兩宮太后，於是和兩宮太后、恭王裏應外合，辦成了辛酉年那樁大事。二十二歲的醇王爺帶兵半夜馳奔密雲抓肅順那一節，今後搬上書場戲臺，也是够驚險英勇的。香濤，我還對你説件事。』

張之萬停了一會，似在回憶當年那段歷史風雲。

『因爲醇王福晉是西太后的胞妹，故而醇王夫婦與兩宮太后的關係格外親密。文宗爺病重時，恭王爺請求去熱河，文宗爺不同意，但醇王爺夫婦却一直隨侍在側。肅順等人把持朝政，別人都難以進内宮，惟有醇王福晉，肅順不便阻擋。那段日子裏，就多虧了醇王福晉的進進出出，纔維持了兩宮太后與京師恭王爺的聯繫。兩宮太后由熱河回鑾京師之前，即命醇王爺草擬罷黜肅順等人的詔書。西太后將詔書密藏於貼身小衣内，人皆不知。回到京師，恭王爺率留京大臣迎謁，西太后於小衣中將醇王爺草擬的詔書取出，交付恭王爺宣佈肅順等人罪狀，即日拿交刑部治罪。香濤，你看醇王爺是個怕事的人嗎？』

張之萬不再説下去了。他拿起銀勺舀了一勺已經變冷的湯，低下頭，慢慢地喝着着。

醇王帶兵捉肅順的事，張之洞早就聽說過，至於抓肅順的密詔也爲醇王所擬，他却一點都不知道。

如此說來，醇王爲大清朝今日局面的形成，是立下大功勛的，怪不得慈禧太后要將皇位交給他的兒子，其中還有一份酬謝之意在內！

『老哥，恭王、醇王在辛酉年都立了大功，穆宗賓天後，兩宮太后將皇位交給醇王之子而不給恭王之子，恭王府是如何想的呢？』

張之萬擡起頭來望着堂弟，緩緩地說：『賢弟，這就是我今天特意叫你來賢良寺，兄弟倆在清風軒單獨喫飯談話的原因。老哥我有重要的話對你說。』

張之洞的神情不覺爲之一振，斂容屏息，傾聽堂兄的下文。

『恭王爺比醇王爺大七歲，無論是閱歷，還是才幹都在醇王爺之上，故兩宮太后多倚重恭王。因爲恭王處事有己見，到後來便與西太后有過幾次争執，彼此漸生不睦。穆宗賓天後，不傳位於恭王之子而傳位於醇王之子，這中間原因很多，而恭王聖眷減退，是一個重要原因。對此，恭王府當然不會平靜。從這幾天與醇王爺和鍾王爺的談話中，我有個感覺，西太后遲早會下這個決心，將恭王的權柄移交給醇王。醇王之所以要我出山，是在爲自己準備靠得住的幫手。賢弟，』張之萬舉起酒盃來，說，『喝下這口酒吧，老哥有幾句腹心話要對你說。』張之洞忙舉起盃子，與堂兄重重地碰了一下，一飲而盡，肅然聆聽。

『老哥我自道光二十七年通籍，到同治十一年辭官回里，在官場上混了二十五年，從翰林院修撰做到閩浙總督，仕途還算順遂。以我本人的爲官經歷和冷眼對旁人的觀察，我以爲做官是有訣竅的，這訣竅就在於要尋找一個有力的牢固的靠山。若這個靠山在他尚未成爲十分有力和牢固的時候，你便與他有着非一般的關係，一旦他的地位穩固確定之後，你在仕途上便會一帆風順，左右逢源。官做到這個地步，便可謂做到家了。』

如同佛手摩頂一般，張之萬這幾句話給張之洞以巨大的啓迪：以探花之出身，入仕近二十年了，無論是政績還是著述，都要超過一般人，然而至今尚衹是一個正五品銜的右庶子，遷升緩慢的原因，或許正是沒有一個有力而牢固的靠山。

『有的靠山的得來是天緣凑泊。譬如說大家都做皇子的師傅，偏杜受田命好，他的學生文宗爺登基繼了位，他馬上就晉升協揆。這就是天緣凑泊。那年我辭官時，沒有想到有醇王爺的兒子做皇上的一天。現在我已歸田六七年了，醇王爺還記得我，看來老哥我也無意之中得到天緣凑泊。有的靠山則要自己去靠上。賢弟，種種跡象表明，醇王爺不久就是一座真正可以依靠的大靠山，你要看到這一點。』

張之洞的情緒激動起來。堂兄的這句話，給他今後的仕途指出一條充滿陽光的大道。他起身，雙手舉着酒盃，說：『之洞深謝老哥的指撥。衹是至今與醇邸緣慳一面，還請老哥相機引見纔好。』

『行，你坐下吧，我們一起喝了這口酒。』

待張之洞坐下後，張之萬懇切地說：『我已是日薄西山的人了，即使再次出山也做不了多大的事業，張氏家族未來的希望是在賢弟你的身上，我有責任爲你引見，衹是，』張之萬捻鬚沈思着，『藉一個什麼名義來引見呢？』

『老哥，我前兩天爲四川東鄉縣的冤案擬了三道奏摺，是否可以先送給醇王看看，藉此爲引見？』

張之洞說罷，將隨身帶來的青布包打開，取出一疊厚厚的奏章來，平平整整地放到酒桌上，然後把東鄉的案子對堂兄簡要地叙說了一遍。

『好，好。』張之萬連連點頭。『這三道奏摺的確是個很好的引見物。你放到這兒，我今夜細細地看一遍。後天三慶班會到醇王府唱堂會，醇王爺要我去湊湊熱鬧。我會把這叠奏摺帶上呈給王爺，請他先過目，然後再相機提出你的意願來。』

『就這樣吧，一切拜託老哥啦！』

張之萬隨手將擺在桌上的奏摺翻了一下，心裏想起一樁事。

『香濤，這幾年你上的幾十道摺子，老哥我都仔細地看了，確實道道都不同凡響。但有一句話，老哥我不能不對你說，望你長記心中。』

張之洞挺直腰杆，一副凜然受教的模樣：『之洞不敏，正要請老哥多多指教。』

『賢弟自幼熟讀史册，當知「爲政不得罪巨室」這句話。此話看來頗似鄉願，實乃真正的要言妙道。近年來你雖厠身清流，但頗爲謹慎，不像張佩綸、鄧承修等人專與大吏作難，今後切望保持下去，奏摺中總以多議國計民生，少劾豪門巨室爲宜。賢弟生性忠直，又身爲言官，老哥怕你今後在聲名隆盛之時忘乎所以，以至於未獲大用而被宵小中傷，造成終生遺憾。若到那時再悔，則悔之晚矣。正因爲期之甚高，愛之甚切，故言之亦甚直率，望賢弟能體諒老哥的一番苦心。』

這是真正的手足情誼的良藥忠言，張之洞哪會不能體諒？他重重地點了一下頭，說：『老哥金石之教，之洞將終生銘記，切實遵循。』

吃完飯後，張之萬躺下午睡，張之洞則邀請桑治平在賢良寺後院散步。二人雖初次見面，却彼此都有故友相逢之感。他們毫無拘束地閒聊著。學問文章，政事民情，無所不談，很是投緣。張之洞看出桑治平世事洞明，人情練達，是個隱逸於江湖中的俊才。桑治平感覺到張之洞熱血奔湧，心地坦誠，是一個官場中少見的棱角鮮明實心做事的能吏。

張之洞握着桑治平的手，誠懇地說：『京師官場士林之中，難覓先生這等人才，若不嫌棄，忙過東鄉案子後，我去古北口看你，再次向你請教。』

桑治平頗受感動：『桑某乃一布衣，浪跡江湖，落拓半生，前蒙青帥垂憫，今又受庶子錯愛，真是三生有幸。庶子若肯光臨寒舍，當灑掃花徑，恭迎大駕。』

晚上，張氏兄弟和桑治平一起，痛痛快快地喫了一餐晚飯。夜裏，張之萬讀奏摺，張之洞又和桑治平說了半宿的話。到第二天上午分手時，張之洞已把桑治平看成很契合的老朋友了。

九　爲藉東鄉之案做文章，醇王在清漪園召見張之洞

張之萬送來的關於東鄉冤案的三道奏摺，醇王已經仔仔細細地看過一遍了。現在，他又將這三道書法秀勁內容沈甸的奏摺在手裏隨意撫弄着。這位四十歲的王爺，長得與其英年早逝的四兄和執掌國柄的六兄很相像：一樣的小臉尖下巴，一樣的單薄身材。這些都來自道光帝的遺傳。與方面大耳、膀闊腰圓的乾隆、嘉慶相比，道光和他的這幾個兒子似乎不是真龍天子的後代。

醇王是個複雜的人物。

作爲道光帝的七皇子，父皇去世的時候，他祇有十歲，上面有三個已成年的兄長，當然不可能有繼位之想。隨着年歲的增大，眼看着四兄獨尊天下，六兄權勢顯赫，同是先皇血脈的他，怎會不眼熱？工於心計的懿貴妃在生了皇子之後，獲得咸豐帝的特別寵愛，爲了增加自己在皇族中的力量，她把親妹妹嫁給了醇王。從此醇王成了她的心腹。在辛酉年那場政變中，醇王夫婦立下特殊的功勞，醇

王也由郡王晉升爲親王。但處理國家日常事務的權柄，則落在比他大七歲的恭王手裏。

恭王奕訢器局開朗，聰明能幹，且能重用漢人，受到朝野中外的擁護。醇王對這位兄長既佩服又嫉妒。他的這種心態，與對恭王既利用又防範的慈禧很是接近，叔嫂兩人基於同一情緒，又結成了新的聯盟。因爲要對恭王別樹一幟，醇王在對外事務中，便採取一種虛驕强硬的態度。在同治九年天津教案的處理過程中，恭王和醇王兩人的態度便截然不同。

同治帝死後，新皇帝不出於恭王府而出於醇王府，恭王當然不服氣。但是面對着醇王暈厥在地，力辭不受，過後又堅辭開缺所有差使的一連串動作，恭王也不好意思再爭，衹得把氣咽進肚子裏，打叠精神，繼續做他的軍機處領班大臣。

哪怕是一職不兼，而今的醇王已不再是同治年間的醇王了，滿朝文武視『潛邸』爲神明，『潛邸』之主自然也深知自己的神聖身份。對於恭王，他不再像先前那樣謙恭了，他要儘早把大權從恭王手裏奪過來。

然而，事實上醇王衹是一個性格脆弱才具平庸的人，既没有安邦治國領袖群倫的真才實學，又缺少玩弄大陰謀大詭計殺伐專斷敢作敢爲的奸雄膽魄。他清楚地知道，在通往最高權力的道路上，恭王固然是一個大障礙，但真正不能掀倒的大山却是慈禧太后。無論是地位、實力，還是機巧手腕，他都遠不是那個女人的對手。那個女人，既是姦雄，又是英雄，即使現在身爲皇帝本生父，在她的面前，鬚眉丈夫醇王也永遠衹有臣服的份。

因此，在攀登權位頂峰的過程中，醇王同時並舉地採取兩個措施：一是巴結討好慈禧，二是伺機攻擊恭王。

醇王對他這個嫂子兼姨姐的太后是非常瞭解的：她既有强烈的權力慾望，又貪圖享受，是一個要把人生的樂趣用盡用絶的女人。

早在同治十二年，小皇帝剛剛親政的時候，慈禧就授意兒子發佈上諭，重建被英法聯軍燒燬的圓明園，以供還政後頤養天年。由於耗銀將在三千萬兩之上，大亂甫定的朝廷實在無力支付這筆浩大的開支，當家的恭王對侄兒皇帝的這道上諭加以諫阻。年少貪玩又剛愎自用的同治帝正要藉個名義大興園工，爲自己建造一個娛樂之地，遭到恭王的反對後大爲惱怒，竟然下旨革去恭王的軍機處領班之職，並降爲郡王。兒子做得太過分了，慈禧不得不出來干涉。恭王雖保持了原來的職位，但圓明園不能重建，却成了慈禧的一塊心病。前些日子，醇王福晉告訴丈夫：太后説，清漪園景致好，稍稍修整下，花不了多少銀子，恭王等人大概不會反對，今後歸了政，就可以住那裏去養老。

這其實就是當年那道懿旨的再次頒佈，醇王決定把這道懿旨領下來，以自己的親自操辦來與當年恭王的極力勸阻，形成鮮明的對比。誰忠誰不忠，豈不一目了然！

府裏的小吏張翼帶着幾個人，已將清漪園查勘過多次了，重新修整的大體方案也已經拿出來，爲鄭重起見，醇王自己還要親自去一下。

這幾天與張之萬會晤後，醇王對執掌權柄的未來更增加了信心。當張之萬將堂弟近來爲東鄉冤案昭雪所做的事情禀報之後，他馬上意識到，這又是恭王的一個失誤，要抓住這個難得的好機會將對手打壓一番。他決定在清漪園接見張之洞，這比在王府裏召見要好得多。

北京的仲夏，到處是青枝緑葉，花草繁茂，一派生機蓬勃的景象。春天的風沙早已停止，風和日麗，不冷不熱，是一年中的好季節。因爲修復清漪園一事尚在計議之中，不便張揚，故醇王一清早便

離開王府，輕車簡從，儘量做到不引起人們的注意。

清漪園在京城的西北郊，明代時即闢爲皇家園林，名叫好山園。乾隆十五年在好山園的基礎上大加擴建，改名清漪園。咸豐十年英法聯軍進入北京，一把大火燒了圓明園，清漪園在劫難逃，也遭到嚴重的毀壞。辰末巳初時分，醇王一行來到這裏。明媚的陽光下，出現在他面前的，却是一座殘缺破敗的建築群。

清漪園全盛時，以昆明湖、萬壽山爲主體，方圓四千多畝土地上，錯落有致地分佈着勤政殿、玉瀾堂、怡春堂、長廊、養雲軒、諧趣園、大報恩延壽寺、放生舫、佛香閣、曇花閣、寶雲閣、聽鸝館等建築物，眼下除萬壽山頂的佛香閣，以及全部用銅澆築的寶雲閣外，其餘的殿閣堂廊，或全被燒燬，或部分毀壞，均不堪入目。先前碧波蕩漾的昆明湖因年久失濬，早已是雜草叢生，青萍漂浮，成了野鴨子棲息的場所，連銜接南湖島與東岸的那座四十多丈長的十七孔橋，也已斑斑駁駁、漏洞百出，祇有那個爲鎮水獸而鑄造的銅牛，至今仍然安詳地卧在湖邊，回首翹望人寰，似有無限依戀之情，給醇王一行帶來些許安慰。

醇王一邊查勘，一邊在心裏尋思着：要把清漪園恢復成乾隆時期的全盛之貌，其所費銀子並不會比重建圓明園少許多，眼下户部是撥不出這筆巨款的，祇能分期來做。張翼提出先整治昆明湖和萬壽山，規復勤政殿、諧趣園的方案是可行的，但就祇做好這幾件事，所費已經够大了。即使花費再多，也還有兩處工程是非建不可的。

第一處是長廊。太后喜歡遛圈子，兩頓正餐後遛半個時辰的圈子，已經遛了十多年，這是雷打不動的老習慣。綿延二三里的長廊遮陽避雨，正好遛圈子，所以非重建不可，最好再延長一倍，太后必

定更加滿意。

第二是要給太后修造一個戲臺。太后愛看戲，尤其愛看皮黃。名伶譚鑫培、梅巧玲等人常被她召進宮去，她可以一看一兩個時辰，毫不疲倦。有時看得興起，她甚至會留他們在宮裏過夜，第二天一早再唱。皮黃確實好聽，做工也好看，宮裏的人都喜歡，巴不得譚鑫培、梅巧玲天天在宮中唱戲。宫裏的戲臺，受禮制所限，不能建得過大過高，太后多次流露出不滿足的神態。醇王想，清漪園不受這個限制，伶人們來來去去也要隨便些，應該選定一處好地方，給太后建一座又高又大的戲臺，將京城裏那些當紅角色輪番召來給她唱戲。這不但會博得太后的歡心，更可以讓她沈湎於戲文中，不再干預政事。如此，國家大事便可聽命於自己，皇帝本生父便是真正的太上皇了。

想到這裏，醇王快樂得不自覺地哼起幾句皮黃來，巡視的脚步也跟着加快了。一會兒，怡春堂出現在他的眼前。

怡春堂是當年乾隆與他所寵愛的臣子們詩酒文會的地方，素以清幽高雅出名。在咸豐十年那次災禍中，它也受害不淺。

醇王踏進怡春堂的門檻時，映入他的眼簾的是一片衰落式微的景象：四周的泥築圍墻粉彩剥落，隨處可見洞穴，庭院磚坪上的縫隙裏雜生着各種野草；主體建築怡春堂雖未倒塌，但檐斷瓦裂之處很多，堂前的幾座銅香爐、銅仙鶴也被敲得癟肚彎腰，不成個樣子；東頭寬闊的土坪上原本種植着各種奇花異草香卉靈莖，而今因爲没有聖駕的駐蹕、名士的光臨，那些珍貴的花木早已枯萎腐爛，代之而起的是叢生的蔓藤蕪枝野荆荒條，成了鼠蛇狐兔出没之地了。真正是『秦宮漢闕，都做了衰草牛羊野』。醇王心裏頓時浮起一絲末世的悲凉之感來。

極善察言觀色的張翼見主子久久地站着觀望，遂建議：『王爺，您不是要給太后建一座戲臺嗎？我看就建在這裏好了，把這片草叢除掉，地方寬敞得很。』

這個建議不錯！怡春堂本就是飲酒宴豫之地，在此處建一座戲臺正相適宜。醇王點點頭說：『這倒是一個好地方，可以考慮。』

見建議被采納，張翼很得意，又說：『王爺，這半天您也走得够多了，不如在這裏歇會兒，過會子再細細地查勘，看戲臺擺在哪兒最合適。』

一向養尊處優的醇王，一年到頭難得有一兩次這樣地勞動腳步，今天也的確是累了，便說：『你去安排吧！』

『喳！』

張翼領着王命，急忙去張羅。

清漪園雖然已成廢園，但長年來仍有幾十名看守人員住在這裏，這些人大多數是宮中年老力衰的太監。太監因爲少年時被閹割，男不男女不女的，自覺低人一等，無顔回故鄉見父老鄉親，通常都是在年老後便離宮住進寺院道觀裏去，與和尚道士爲伴，打發殘生。此外，一些廢而不用的行宮也是老太監們的棲身之所。當然，一些老宮女也因離家日久，無親無友，無依無靠，便和老太監們一起住進寺觀行宮裏，那也是常有的事。唐人的詩：『寥落古行宮，宮花寂寞紅。白頭宮女在，閒坐說玄宗。』寫的就是這個現象。

怡春堂的房屋保存得較爲完好，清漪園的看守人員中有一半人住在這裏，經張翼一吆喝，老太監們很快便騰出兩間正房來，趕緊收拾清爽，恭迎醇王爺大駕。

待醇王落座，服侍主子慣了的老太監便魚貫而入，端茶遞煙，擦汗按摩，把個醇王侍弄得舒服愜意。他閉目養了一會兒神後，猛然想起張之洞應該久在園子裏等候了。就在怡春堂召見吧！他吩咐張翼去把張之洞尋來。

兩天前，張之洞接到醇王府的口諭，要他在清漪園裏等候王爺的召見。兩天來，他一直在爲此事興奮着。他知道，這是老哥的推薦起了作用。醇王在朝廷上的地位，眼下雖不能與太后和恭王相比，但日後的作用却是不可估量的，且老哥已摸到了他的底。這次召見豈可等閒視之！

但召見之地爲何不定在王府，却要選在已經廢而不用的清漪園呢？難道說，清漪園將會有大的舉動？聯想到幾年前盛傳的修復圓明園的事，張之洞對醇王這次郊外之行的目的已猜到八九分。明知醇王的召見會在辰末之後，爲慎重起見，張之洞在昨天下午便抵達清漪園，今天一早便按王府的命令，在勤政殿內一間小偏房裏等候着。

在張翼的導引下，張之洞走進了怡春堂正殿，一眼看見醇王正坐在一張陳舊的鑲嵌着大理石的雕花大木椅上，便快步走上前，跪在石磚地上，一邊叩首，一邊稟報：『詹事府右春坊右庶子張之洞叩見王爺。』

『起來吧。』醇王將張之洞注視片刻後說。他也是第一次見到張之洞，或許同爲男人的緣故，張之洞的短身寢貌，並没有給他帶來如同慈禧初見時那種不悅之感。

張之洞起身，垂手侍立着。

醇王命令張翼：『給張之洞備一條凳子。』

張翼端來一張黑漆嵌螺鈿梨木鼓形凳子，雖然漆面有些剥蝕，但從造型的精美和螺鈿的細巧來看，

當年亦是一件價值不菲的宮中用物。

張之洞忙說：『不敢，不敢！王爺的面前，哪有微臣的座位。』

醇王微微笑了一下，說：『此地不是內廷，也不是王府，你就坐下不妨。我之所以選在清漪園與你見面，就是要你不拘禮節，咱們隨便閒談閒談。』

張之洞從來没有直接與醇王打過交道，過去常聽人說醇王爲人比較隨和，不像恭王那樣威棱，看來傳說不誤。張之洞是個心高膽大的人，心裏深處並不對權貴人物包括天潢貴胄在內，有什麼特別的敬畏。科場上的輝煌成就，使得他從來就自視甚高。儘管職位不高，在大人物的面前，他向來没有自卑之感，今天在這位皇上本生父的面前也一樣。他道了一聲謝，便大大方方地坐在奕譞的傍邊。

奕譞對張之洞這種不卑不亢的神態頗爲滿意。雖是初次見面，對於張之洞其人，奕譞還是頗爲瞭解的。這不僅由於張之洞作爲清流黨中的骨幹，早已名播朝野的緣故，更因爲在去年吳可讀屍諫事件中，張之洞挺身而出，維護了醇王府的利益。在奕譞看來，吳可讀遺摺的要害在於立即爲穆宗立嗣；而此時立嗣，衹有立恭王的孫子溥偉，皇位最終將落到恭王府。多虧了張之洞的兩道奏疏，既合經典，又順情理；既循家法，又宜將來，真正是深思熟慮，精詳嚴謹，無懈可擊，一錘定音，將一場無端而起的軒然大波治得風平浪靜。醇王怎能不感激張之洞？

出於這種心情，奕譞的話語極爲客氣：『張之洞，把你從城裏請到郊外來相見，你不會覺得辛苦吧？』

今上的父親召見一個臣子，莫說衹是從城裏走到郊外，即使是從京師奔到天涯海角，作臣子的也是理所當然，不能有絲毫的怨意呀！醇王竟然以這種口氣作開場白，真讓張之洞既感意外，又受寵若

驚。他忙恭敬地答道：『王爺太客氣了，王爺可以親臨清漪園巡視，微臣何敢言辛苦二字！』

奕譞隨意地笑了一下，問：『什麼時候來的，等久了吧！』

『昨天下午到的。微臣做了十多年的京官，却没有來過清漪園。這次正好藉此機會瞻仰瞻仰，親身感受一下當年高宗、仁宗的雄風偉跡。』

奕譞心裏想：果然不愧爲探花出身的名流，說起話來就是不一樣。他點點頭說：『這一座名園，當年是何等的壯麗非凡。可恨那些洋鬼子，把它和圓明園一道給毀了。你說說，這清漪園該不該修復下？』

果然不出所料，醇王此行的目的，正是爲了修復清漪園！關於修復園林這樁事，張之洞對它的前前後後是十分清楚的。

作爲一個儒臣，作爲一個清流黨，張之洞向來不贊成朝廷大興土木，何況當此內憂外患國帑窘迫之際，修復大型園林以供一二人之遊樂，更爲他所反對。故而對於過去阻止重修圓明園的一切言論，他都是讚賞的，然而今日面對着醇王的垂詢，張之洞却猶豫了片刻。

慈禧太后把皇位送給了醇王府，醇王府自然要回報這份恩德。拿什麼來回報呢？世俗間的一切，對於貴爲太后的中年婦人而言，似乎都算不了什麼。不如修復一座花園行宮，讓她在這裏頤情養性，安度天年。從這個角度來看，醇王要重蹈園工舊路，也並不是没有道理的。遠期的目標是希望醇王能秉掌國政，以便年邁的老哥東山再起，進入權力中樞；近期的目標是要利用醇王和恭王之間的矛盾，爲東鄉之事翻案平冤。這些都需要與醇王建立起一種過去所欠缺的密切關係。

想到此，張之洞毫不含糊地回答：『清漪園山水環抱，清静幽雅，的確是個休憩的好處所，洋人

縱火燒燬，真是喪盡天良。祖先親手創建的名園，後人自當修復。祇是目前國庫不裕，不能全盤動工，宜選擇耗費較少的幾處工程先期施工，以後再慢慢地一處一處地復原。比如這座怡春堂，就大致完好，想來恢復舊貌所費不多，可以先動手。」

奕譞正是要藉此探測一下張之洞，估計這個清流黨骨幹多半會加以委婉的勸阻，卻不料他爽快地予以贊同，心裏想：看來張之洞的確不是書呆子，是個明白人。便說：「張之洞，你說的跟我所想的一個樣，清漪園是要規復，但要慢慢來。你這些三年來給太后和皇帝上的摺子我都看過。你的摺子篇篇都寫得有理有據，是真正的奏章，不像有的人，做了幾十年的官，還不得奏議要領，盡說些不著邊際的話，朝廷拿了這樣的摺子也不能辦事。去年關於崇厚誤國的摺子，滿朝文武上的不少，最有力量的當數你的那幾篇，我看後激賞不已，建議太后召見你，當面聽聽你的想法。」

張之洞聽了這話很覺舒服。作爲一個品級不高的官員，張之洞不太清楚內廷看摺子的程序。他一直以爲現在也是過去下來的老套子，由外奏事處轉內奏事處，再送給太后裁奪，卻不知還有醇王插進來這個過程。他感激醇王一直在讀他的摺子。「蒙王爺錯愛，微臣今後惟有加倍努力纔可報答。」

奕譞含笑點頭說：「南皮張府祖上積德殷厚，連出子青先生的狀元和你這個探花。聽說你小時在貴州長大，貴州偏遠貧瘠，良師難得，你的學問文章得之於誰的傳授？」

張之洞答：「微臣四歲由先父開蒙，家兄之淵因比微臣年長十歲，也是微臣的老師。八歲讀完「四書」「五經」，九歲開筆。十二歲前受業於曾掄之、張蔚齋諸師。十二歲後受業於韓超、丁誦孫諸師，並從呂賢基治經學，從劉仙石習小學，從朱伯韓習古文。呂、劉、朱等人均一代名師，一代賢臣，微臣從他們處得益匪淺。」

奕譞說：「你的詩文廣被傳誦，我的記性不好，背誦不多，有兩句詩我記得最牢，道是「文瀾不取歸熙甫，兵略時同魏默深」。讀你的摺子，氣勢充沛，鏗鏘有力，可知你的文章的確不是走的歸有光的路子。關於邊防方面的策略，計慮深遠，設防周到，有魏源之風。你如此注重用兵之略，是否與你父親在貴州征討苗民叛亂有關？」

醇王居然知道自己的父親在任上討平過苗亂，這令張之洞感動。他想，這多半是子青老哥在王爺面前說起的緣故。

「回稟王爺，微臣幼時，先父任所常有莠民武裝鬧事。先父總是對微臣兄弟說，世道不寧，當文武並重。正是王爺所說的，微臣注重兵略，實受先父的影響。不過，還有一位業師，爲微臣終生敬服，是他的輝煌軍功，激勵微臣研習兵略。此人即益陽胡文忠公。」

「噢，胡林翼是你的業師？他什麼時候教過你的書？」

奕譞對胡林翼很敬重，這不僅因爲胡林翼是湘軍的重要統領，戰功卓著，更由於胡林翼在防範戒備洋人這一點上，與他深爲默契。奕譞一直不滿於曾國藩對天津教案的處置，他認爲曾國藩在洋人面前太軟弱了，有損大清的國威。因爲此，在奕譞的心目中，湘軍的首領人物左宗棠、胡林翼的形象要比曾國藩高高大些。

「道光二十八年，胡文忠公出任貴州安順府知府，先父時任貴州興義府知府，彼此結爲至交好友。先父慕胡文忠公道德學問，把微臣送到安順府署住了半年，和胡氏子弟一道早晚接受胡文忠公的教誨。後來微臣在順天鄉試獲雋，那時胡文忠公正在黎平府招募黔勇援助湘鄂，得知消息後致書

先父，説得令郎領解之訊，與南谿開口而笑者纍日。南谿即微臣業師韓超，十年前已從貴州巡撫任上致仕。』

『原來你還受過胡林翼的親自教誨，怪不得高徒本自名師出。胡林翼可惜死早了，未及封侯拜相，得以大用。他後來在前綫帶兵打仗，與你還有聯繫嗎？』

『有。』張之洞見奕譞如此敬慕胡林翼，似覺彼此間的距離拉近了許多，説話時也顯得隨便了些。『文忠公很忙，我不能多去信打擾他，但每年必有兩封信，一是賀歲，一是爲他祝壽。文忠公不管多忙，總是親筆回我的信，指導我讀書作文，爲人處世，細緻懇摯，情意慇慇。每有覆信，我都反覆誦讀，銘記於心。咸豐三年離京回貴州，咸豐六年入京赴試，兩次我都繞道去武昌看望他。文忠公總是留我在帳下住幾天，縱談古今治軍牧民之事。諄諄告誡我，讀聖賢書，千萬不可沈溺其中而跳不出來，光祇會記憶古義、背誦箋釋、尋章摘句、吟詩作賦的學究，不能算是讀通聖賢了。聖賢大義，乃在於淳厚民心，治理天下，即經世致用。又説身處亂世，當首在拯民，拯民先要除暴，除暴須仗强兵，故兵略不可不研習。微臣牢記先師的教導，並深以先師武功之盛而自豪，遂留意兵略，十多年來雖爲史官學政，亦不偏廢。日誦文章，夜讀兵書，已成習慣。』

『好！』聽了張之洞這番介紹後，努爾哈赤的後裔開始對這個詞臣刮目相看了：這或許是個文武兼資的能吏幹才，應是自己今後柄國所必須羅致的人員。他不再閒聊而切入正題。『張之洞，子青老先生把你的關於四川東鄉之案的三道摺子給我看了。照你摺子上説的，東鄉百姓的確是受了冤屈，朝廷過去的處理有失誤之處，太后可能受了他人的欺蒙。本王一向最恨貪官污吏，最喜爲民作主，願意將這三道摺子親自交給太后，把東鄉的案子翻過來。但是，本王要鄭重問你一句話。』

説話之間，奕譞一直用嚴肅的目光盯着張之洞。張之洞見醇王的態度陡然變得如此峻厲，神情不覺肅然起來，背上冒出一絲熱汗。他挺直着腰杆説：『請王爺賜問！』

『張之洞，你身爲胡林翼的受業弟子，理應秉承胡林翼對朝廷的忠誠，你在四川做過三年的學政，自然對四川官場民情有所瞭解。你現在能否以一個胡林翼的弟子和熟悉真情的學政的身份向本王保证：東鄉之案的内情你已完全掌握，三道摺子上所説的全是實話，而不是爲了打擊別人，不是爲自己沽名釣譽。』

一股爲民請命甘受斧鉞的壯烈情懷，頓時湧動在張之洞的胸間。他對醇王尚不十分相信自己雖有憾意，却更對醇王如此鄭重地把它當作一樁大事而欣喜，爲了堅定這位性格脆弱的王爺的心志，張之洞霍然站起，然後雙膝跪下，斬釘截鐵地説：『微臣以先師爲楷模，忠於朝廷之心可貫日月，身在蜀中三年，其官場民情瞭如指掌，東鄉冤案的前前後後，微臣均已一清二楚。王爺願爲東鄉平民作主，鳴冤昭雪，真乃蜀民再生父母，微臣代東鄉冤民感激王爺如天恩德。皇天在上，后土在下，微臣摺子裏所寫的，句句是實，字字是真，儻有半點不實不真之處，請王爺斬微臣之頭，戮微臣之屍，以謝天下而懲來者！』

見張之洞起下這等大誓，奕譞也頗爲感動。他斂容説：『張之洞，本王相信你，請起身，隨本王再到長廊、佛香閣去查看查看。』

十　慈禧送給妹妹的禮物居然被人踢翻在地

張之洞從清漪園回來的第二天，張之萬便離開了京師，回南皮老家繼續守制去了。桑治平則應邀

在張之洞家住了三天。張之洞陪同桑治平逛海王邨，遊國子監，賞玩古董，品藻人物，所談極爲融洽，二人均有相見恨晚之慨。楊鋭一直侍奉左右，從老師與桑先生的交談中得益甚多。三天後，桑治平與張之洞依依不捨地分手，相約明春張之洞去古北口造訪，然後再一道登長城，攀燕山，欣賞造化和歷史賦予人類的精華。楊鋭也暫時搬出張府，與何燃、黄奇祥一起拜會京中時賢，以便廣開眼界，拓展胸襟。張之洞很讚賞年輕人的這個決定。

在奕譞的干預下，四川東鄉縣的冤案終於得到平反。朝廷頒佈明諭：東鄉縣民並非聚衆謀反，不應派兵彈壓，原東鄉縣令孫定揚，原四川提督李有恒立即拘捕問斬，其他負有重大責任的文武官員也重新審判定罪。

張之洞爲民請命的這一義舉，不僅使他在清流黨中再次獲得極高的聲譽，也得到京師官場的一致稱讚。楊鋭等人回到四川，將事情進展的前前後後公之於衆，川中父老莫不愈加懷念那位督學三年建樹甚多的前學臺大人，東鄉被昭雪的鄉民中甚至有人供奉張之洞的長生牌，早晚一炷香，晨昏三鞠躬。

清流黨人都於此中得到很大的鼓勵。恰好聖彼得堡又傳來佳訊，曾紀澤與俄國人的談判有所進展，迫於多種壓力，俄國有可能放棄伊犁城外的領土要求。這無異於將已吞入虎口的肥肉挖了出來，朝廷歡喜，清流黨人更是欣喜若狂，都認爲是自己的巨大功勞。張佩綸、陳寶琛、鄧承修等人更是熱血奔湧，愈加放肆指謫時弊，糾彈權貴。他們紛紛上疏，彈劾工部侍郎賀壽慈、禮部尚書萬青藜、户部尚書董恂、左副都御史宗勛、湖廣總督李瀚章，或劾他們貪污受賄，或劾他們昏眊誤政。張佩綸甚至將矛頭對準慈禧的娘家方家園承恩公府第，説公府新近建房倣照王府規模，有違禮制，請朝廷派員核

查，即速制止。

張佩綸等人的這些彈劾，有的收到了效用，但大部分留中淹没，衹博得一批對朝政不滿者的喝彩，反而招致了許多經不起覈查的權貴們暗中嫉恨。

張之洞牢記堂兄『爲政不得罪巨室』的懇切告誡，没有參與這場大舉糾彈權貴的熱潮。他雖然十分痛恨官場上的腐敗之風，但也深知不能輕舉妄動，正如堂兄所説的，在自己的聲名日漸隆盛之際，要更加謹慎持重。就在這個時候，宫中又爆出一樁少見的熱鬧事，一時間弄得沸沸揚揚，給一向壓抑沈悶、枯燥無味的内宫生活帶來一個富有刺激性的新鮮話題。

十一月下旬是醇王福晉的四十大壽。從十月中旬開始，四面八方的珍貴禮品，便絡繹不絶地被送進醇王府。

清流黨的首領李鴻藻是從不對王公貴族示以特别親近的。當年連慈禧的母親去世他都不去弔唁，何況醇王福晉的壽慶？張佩綸、陳寶琛、鄧承修十分欽佩李鴻藻這種硬骨頭氣，便一致決定不向醇王府送禮。但被公認爲第二號人物的潘祖蔭却不這樣，他早早地便把祖傳的一顆鷄蛋大的價值連城的夜明珠送進醇王府。醇王福晉對這顆夜明珠喜歡得不得了。寶廷、吳大澂等人也都悄悄地向醇王府敬獻了重禮。

張之洞爲此事思考了很久：送，還是不送？想起醇王對這次東鄉之事的翻案所起的關鍵作用，覺得不送點禮物表示祝賀，似乎於情理太不通了。但送個什麽禮物呢？張之洞犯難起來。

張之洞父親官職不高，家里人口衆多。父親的俸禄剛好够全家度日，没有積蓄，更談不上有什麽祖傳珍寶了。他自己爲官之初便立下志向，要做一個不貪財貨的清官。京官俸禄薄，如果不用手段獲

取外來之財，則幾乎個個清貧；張之洞衹是一個中下級史官，那就更不用說了。他兩放試差和學政，本來這都是可以生財的美差事。因爲試差有程儀，學政有額外的收益，其數量都很可觀。尤其是四川學政，生童人數甲於天下，若額外收益全部攬於懷裏的話，三年學政下來，少說也有三萬銀子的收入。但張之洞恪守清廉爲本的做官準則，一毫不取，三年前一擔行李兩袖清風入川，三年後依然一擔行李兩袖清風出蜀。如此做官，自然永遠富不起來。張之洞即使想送重禮也無錢購置，何況他向來不把情意之深淺與禮物之輕重聯繫在一起。

如此思來想去，他終於想出了一個好主意。

第二天，他打發大根騎一匹快馬，星夜奔到南皮老家，請子青老哥畫一幅五穀豐登、仙童獻壽的彩色圖畫。聽説是爲醇王福晉祝壽用，張之萬興致極高。他戴起老花眼鏡，辛苦一整天，精心製作一幅丹青。大根帶回京後，張之洞又在上面親筆題了一首詩。然後再送到大柵欄裱鋪，出了五兩銀子的高價，用最上等的黃綾裝裱好。一切就緒後，張之洞大大方方地親自送到太平湖醇王府。

奇珍異寶太多了，醇王夫婦反而看膩了，見了這幅狀元探花兄弟的連袂之作，夫婦倆都覺得清新悅目，遂高興地收下。張之洞肩上的一副重擔終於放下了。

十歲的小皇帝也給母親送來一對極品玉如意，一座尺餘高的十九層純金佛塔。皇上的重禮把醇王府的喜慶氣氛推到了高潮。

慈禧對胞妹的生日自然是記得的，但這些日子裏她正鬧着病，精神不好。她素來腸胃消化不良，近來腹脹，不思飲食，但還是掙扎着處理國事，衹是一回到後宮便渾身無力倒在床上。慈安太后見她這樣帶病勤政，又是欽佩又是心疼。醇王福晉暖壽的前一天，慈安特爲提醒慈禧要給妹妹送點禮物。

慈禧感謝慈安的關心，親自到御膳房挑了幾樣食品糕點，滿滿地裝了八大盒，命人趕緊給醇王府送去。

養心殿的太監小頭領李三順領了這個差使，喚來兩個小太監小勾子和二愣子做挑夫，自己空着手跟在一旁。正是太陽當頂的午正時刻，除了值班的太監宮女外，大家都午休了。空曠得一株樹一棵草都沒有的紫禁城裏靜悄悄的，頗有點死氣沉沉的味道。

走到太和殿旁邊的時候，小勾子想起了一件事，對李三順說：『還沒有照門哩！』

清廷內宮制度，太監宮女出宮，無論公私，均須經敬事房開出放行單，上面詳細寫明所帶物品，請午門關照放行。這種手續叫做『照門』。清朝中葉以後宮廷管理混亂，太監宮女要私拿點東西收藏起來很容易，但要運出宮外則較難，這就是因爲午門把守嚴格的原故。太監宮女得到的東西，若不出宮，則無實際價值。要運出去，通常有兩條途徑可采取。一是買通敬事房開單的執事太監，將私物公開寫在門單上，護軍照單放行，私物便出宮了。一是買通護軍，檢查時開隻眼閉隻眼，私物也可出宮。

剛纔出養心殿時走得匆忙，一時疏忽了，現在要去補辦照門，本來是可以的，但李三順却不想去補。一則是他懶，不想走回頭路。二來估計敬事房的執事太監也休息了。那些傢伙仗着權力在手，架子和脾氣都大得很，要他們在午休時辦公事，給你的臉色决不會好看。三是李三順存心要跟護軍鬥鬥法。

上個月，李三順在養心殿的一個磚縫裏拾了一枚胭脂痕玉搬指，這枚搬指的玉質極好，很可能是某位大員在朝見太后時遺失的。李三順在宮中久了，頗能辨識玉器，他估計這枚搬指若到王府井玉器

店裏去變賣，至少可以賣得三四十兩銀子。李三順是直隸人，有個遠房親戚在京城一家飯莊裏做夥計，通過這個親戚可以把這筆銀子帶回老家去。有次他奉命出宮辦事，便將玉搬指戴在手上，企圖混過午門。誰知護軍眼尖，硬是看見他手上戴的這枚玉搬指。因爲門單上没有寫明，他好說歹說都不管用。李三順因此恨死了午門護軍。這次要藉機跟他們鬧一鬧，出一出胸中的那口怨氣。

二愣子挑着食品擔，李三順在前，小勾子在後，三人來到了午門。

此刻在午門值班的護軍小頭目名叫玉林。玉林乃鑲黃旗出身，父親正做着步軍統領衙門三品銜巡捕營參將。另外有兩個兵丁。一個名叫祥福，正白旗出身，父親正在安徽綠營做都司。另一個名叫忠和，是個覺羅紅帶子。三個人都出身高貴，又都是二十歲左右，正在血氣方剛的年齡，眼睛角裏都没有閹竪的位子。

李三順帶着小勾子、二愣子，大搖大擺地向午門走去。剛到門邊，玉林便厲聲喝道：『站住！出宮幹什麽？』

李三順不自覺地收起脚步，神態却依然傲慢，眼睛並不看着玉林，也不望着另外兩個護軍，拖長着不男不女的聲調：『幹什麽？奉慈禧太后之命，送禮物到醇王府，爲皇上的額娘祝壽！』

『奉太后之命』、『爲皇上的額娘祝壽』，如此使命，是何等的重大崇高！儻若是通常的門衛，禮讓尚恐不及，還敢再盤查嗎？但此處是午門禁衛，太后也好，皇上也好，他們耳朵裏聽得多了，也並不覺得就神聖得不得了，何況李三順這種不可一世的神氣，他們也討厭得很。

狗仗人勢！玉林在心裏惡狠狠地罵了一句後，冷冷地說：『把門單拿出來看看！』

『没有。』李三順給一口頂了回去。

『没有門單就不能出宮！』玉林也毫不客氣。

『好大的膽子，慈禧太后的東西你們都敢不放行，想造反嗎？』李三順雙手叉着腰，聲色俱厲地恐嚇。

『你不要嚇唬人！』玉林不喫他這一套。『没有門單，如何能證明你奉的是慈禧太后的命令？』

『我李三爺在養心殿服侍太后多年了，你們難道不認識？』李三順指着自己的鼻子尖，趾高氣揚地尖聲叫着。

覺羅忠和禁不住冷笑道：『卵子都没有，你也配稱爺們？』

太監最忌諱的就是這個『没卵子』。這句話大大激怒了李三順，他氣勢洶洶地冲到忠和面前，鼓起兩隻嚇人的眼睛說：『混賬東西，你敢駡爺們？』

小勾子、二愣子也同樣受到了刺激，都捋起袖子來，緊跟在李三順的後面，隨時準備出手。

局面很僵了。

護軍祥福脾氣稍好一點，李三順的身份他也知道，便走上前去圓場：『好了，好了，就算你們是奉太后之命辦公事，放你出宮吧！』

『慢着！』玉林也覺得忠和剛纔那句話說得過頭了點，傳出去會得罪滿宮太監的，也想圓通一下算了，但『檢查』這道手續還得例行。這些太監們個個都是賊，萬一他們把宮中什麽重要的物品私運出宮了，今後追查起來，責任都在他這個小頭目的身上。他衝着李三順，以命令的口氣說：『把盒蓋打開，讓我們檢查檢查！』

二愣子素來老實一點，聽了這話後便去揭開盒蓋。八隻點紅壽桃餑餑露了出來。

『打開第二盒！』玉林又命令。

二愣子將壽桃餑餑盒端起，下面是八隻拇指大的金黃耀眼的窩窩頭。

就在此刻，一肚子恨意未消的李三順腦子裏猛然冒出一個惡毒的點子來，他趁着忠和上前驗看窩窩頭的時候，暗地裏伸出右腿來，將忠和的左腿一勾，忠和冷不防一個趔趄，碰着了二愣子的手。二愣子手裏端着的八個點紅壽桃餑餑全部掉到地上，沾滿黑灰。二愣子和忠和同時被這突然的一幕嚇得臉都白了。

『你這狗日的王八羔子！』李三順邊罵邊撲上前去，扭住忠和的衣領。『你把太后的禮物弄壞了，看你如何賠？』

忠和愣了一下後明白過來，原來剛纔就是這個沒卵子的太監小頭目使的壞，有意絆他一跤。他畢竟是個紅帶子出身，又在肝火正旺的年齡，便憤怒地飛起一腳，踢在李三順的小腹上，痛得李三順鬆開手在地上打滾。他乾脆亂打亂踢，把一擔食品全部踢翻在地，然後爬起來，凶巴巴地指着三個護軍説：『你們阻擋太后的食品出宮，又毒打太后身邊的人，罪惡滔天。你們等着瞧吧！』

又轉過臉來對着小勾子和二愣子發命令：『食品擔子不要了，咱們回去向太后稟報！』

三個太監轉過身向着養心殿跑去。玉林、忠和、祥福望着他們的後影，心裏驟然湧出一股恐怖感：事情鬧得如此之大，怎麼得了？

李三順回到養心殿，病中的慈禧尚在午睡中，他不敢打擾，便找到當班首領劉玉祥。他跪在劉玉祥的面前，邊哭邊訴説午門發生的這樁事，表白自己是如何的忍讓克制，控訴護軍是如何的跋扈囂張。李三順向劉玉祥着重説了三點：一，玉林公然説，慈禧太后的禮物也要檢查，眼睛裏根本沒有太

后。二，忠和有意踢翻食品盒。三，罵太監沒有卵子，不配做人。

前兩樁都是冲着太后的，與劉玉祥無干，後面這句話則深深地刺痛了他。劉玉祥快五十歲了，在宮中當了四十年的太監，最怕的也是別人説起卵子，最恨的也是罵他不配做人。過去，別人笑他罵他，他祇記恨在心裏，想算計也算計不到。這次好了，天大的把柄落在他的手裏，他要藉慈禧太后的無上權威來名正言順地懲罰他的敵人。

午後，趁着宮女進藥的機會，劉玉祥躡手躡脚地來到慈禧的身邊，待慈禧喝完藥後，他彎下半個身子向慈禧請安。

『食品送到醇王府了嗎？』慈禧的聲調比平日低了點，但依然清脆動聽。

『奴才正要稟告此事。』劉玉祥走前一步，靠近慈禧的床沿。『太后，食品沒有送出宮，給護軍踢翻了。』

『什麼？』這可是宮中從來沒有過的怪事！慈禧的臉色突然變得鐵青，兩隻手開始痙攣。她根本不問原由，而是直接追查責任。『是誰踢翻的？好大的膽子，我的禮物他都敢這樣！』

『午門護軍忠和踢的。』劉玉祥心情憤怒地將李三順編派的事件經過敘述着，『三順帶着小勾子和二愣子，奉着太后的命令，挑着食品出宮。午門護軍小頭目玉林要三順拿出門單來。三順客氣地對他們説，敬事房的人睡午覺了，這是太后送給醇王福晉的，您就勞駕免了吧！玉林板起面孔説，太后的也不能免。三順説，那請先放我們出宮，下午再補一張送給您。玉林説，打開盒子讓我們檢查。三順説，都是太后御膳房做的喫食，不要檢查了吧。玉林又説，太后送的也要檢查！三順不同意，怕灰塵弄髒了食品。護軍忠和走上前來抓着三順的手，要他揭蓋子。三順不肯，兩人扭打起來，忠和飛起一

脚，先踢翻了食品擔，再踢翻了三順。』

『反了，反了！』慈禧氣得牙齒咬得直響，腮幫鼓鼓地。她一把掀開被角，就要從床上起來，慌得劉玉祥和兩個宮女忙上前攙扶。

『太后息怒。』劉玉祥見幾句話就把慈禧激怒了，心中十分得意，討好地勸説，『太后，您在生病着哩，保重自個兒的玉體重要，犯不着跟那幾個渾小子護軍計較。』

慈禧雖然天性褊急，容不得物，但平時還不至於這樣容易激怒，這次很快便生這樣大的氣，原因有兩點：一則她是給自己的胞妹當今皇帝的生母送一點生日禮物，居然因缺一張門單便遭這等侮辱，午門護軍簡直跋扈得天理難容。這不祇是侮辱了她，也侮辱了她的娘家，還侮辱了當今的皇帝。這口氣，你叫她如何咽得下！二來她正在病中。她素來好强，疾病害得她不能好好地處理政事，心裏煩躁，無名怒火正燒着，無事都想發泄一下，何况幾個卑賤的護軍欺侮到她的頭上來了，她怎麽忍受得了！

『快，傳我的旨意，把那幾個午門護軍統統抓起來，立即斬首示衆！』

她氣得雙眼呆望着簾子，也不知是在對誰下這道懿旨。

『把誰斬首示衆呀？』隨着門簾掀開，一個音色甜潤的女人聲音傳了進來，接着一摇一擺地走進了慈安太后。她是特地來探望生病的慈禧的。『妹妹，什麽事惹得你生這麽大的氣？』

慈安其實要比慈禧小兩歲，按理她要叫慈禧爲姐姐纔對，但她是咸豐帝的皇后，而慈禧祇是貴妃，在名位上要高出慈禧。慈禧祇得委屈自己，叫她姐姐，自稱妹妹。

『姐姐，你幫我做主！』

一向剛强的慈禧，興許是在病中，也興許是受到了莫大的委屈，見到慈安後，竟突然變得脆弱起來，一句話剛説出口，便刷刷流下眼淚來。

在慈安的記憶裏，祇有辛酉年在熱河行宮，咸豐帝駕崩不久，肅順等八大顧命大臣不把兩個太后放在眼中，自行執政的那些日子裏，慈禧纔十分傷心地流過淚，纔有時深更半夜抱着慈安的肩頭痛哭，説過『你要替我們娘兒倆做主』的話，那以後近二十年的歲月裏，包括同治帝去世的悲痛時刻，慈禧都没有這麽痛哭過。慈安大爲驚愕。

『妹妹，什麽事，説出來，姐姐替你做主！』慈安心軟，見慈禧哭，她自己也邊説邊流起淚來。

『咱們剛纔給老七府上送的一擔食品，午門護軍竟然不讓出宫，還踢翻了。姐姐您看，這午門護軍竟然欺侮到咱們的頭上來了，這還了得嗎？』慈禧邊説邊用手絹擦眼淚鼻涕，那模樣真的十分傷心。

『有這樣的事！』慈安也大爲憤怒起來：護軍竟敢欺侮太后，日頭從西邊出來了？她嚴厲地問：『誰是今天當值的？』

『奴才在這兒。』劉玉祥忙彎下腰回答。

『把三順兒找來！』慈安命令。

『嗻！』

一會兒，李三順跟在劉玉祥的後面進來了。

『三順，你把午門的事情對兩宫太后説一説。』劉玉祥吩咐李三順。

李三順忙在兩宫太后的面前跪下。他見慈禧泪痕未乾，慈安怒容滿面，知兩位太后已被大大激怒，心裏很是得意，便繪聲繪色地把對劉玉祥説的話，又添油加醋地演説了一遍。

『真正是無法無天了！』

慈安氣得站起來，她也的確被震怒了。慈禧的禮物是在她的提醒下送的，這件禮物也可以看成是她們兩人共同的禮物。不給慈禧以面子，也就是不給她以面子。慈安一向懦弱，又無兒女，故對慈禧倚仗甚多。慈禧的兒子雖死，但現在的皇帝又是她的親外甥，今後當然會跟姨媽親，慈安還是處於弱勢。同治年代，慈安總是依着慈禧，讓着慈禧；光緒年代，這個做姐姐的依然得如此。以重懲幾個微不足道的護軍，來作爲對慈禧的討好，應該説所費代價最低，何況這幾個護軍也的確情理難容！

『劉玉祥！』

『奴才在。』

慈安一字一頓地下達懿旨：『你到內閣去傳達我的旨意，要他們以皇帝的名義擬旨，命刑部立即拘捕午門護軍玉林、忠和、祥福，從嚴審訊懲辦，並將護軍統領交部嚴加議處。』

『嗻！』

劉玉祥和李三順興高采烈地退了出去，立即奔向內閣傳達兩宮太后的聖命。

十一 附子一片，請勿入藥

第二天下午，刑部尚書潘祖蔭奉到聖旨，他展開恭讀：

> 昨日午門值班官兵毆打太監以致遺失賫送物件情事。本日據岳林奏，太監不服攔阻，與兵丁互相口角，請將兵丁交部審辦，並自請議處一摺，所奏情節不符。禁門重地，原應嚴密盤查，若太監賫送

> 物件，並不詳細問明，輒行毆打，應屬不成事體。着總管內務府大臣會同刑部，提集護軍玉林等嚴刑審訊，護軍統領岳林等着一並先行交部議處。

潘祖蔭細細地研讀上諭，體味旨意。聖旨上講的是值班護軍毆打太監，否定太監兵丁互相口角一説，口氣嚴厲，要重辦護軍及其統領。太監屬內務府管，午門護軍屬步軍統領衙門管，按理應是刑部會同內務府和步軍統領衙門一道審辦，但聖旨既否定護軍統領岳林的上奏，排除護軍統領衙門的參與，且已申明嚴懲護軍。顯然，聖意非常明確，此事責任在護軍，太監無過，刑部應當遵照這個意思去辦理。儻若是一個普通的衹會奉旨辦事的刑部尚書，按此去辦就行了，保證能得到符合聖意的嘉獎。但清流黨的第二號首領不是一個這樣的人。

中國歷史上曾有過不少太監把持朝政，干預國事，造成禍亂的現象，鑒於此，歷朝正直的大臣都主張對太監要從嚴管束，自己也從不與太監交往，明智的君主也知道整肅內宮的重要。滿人入關之初，是一個興旺發達的時期，順治帝曾爲此專門鑄造了一個十三衙門鐵牌。

十三衙門即清初管理太監的機構。這個鐵牌上明文規定：『但有犯法干政，竊權納賄，囑託內外衙門，交往滿漢官員，越分擅奏外事，上言官吏賢劣者，即行凌遲處死，定不姑貸。』這條規定後來便成爲整個清代禁止宦官干政的家法。相對於前代而言，清代在抑制宦官干政這一點上做得還是比較好的。首先破壞這條家法的，便是那位敢於藐視祖制的葉赫那拉氏慈禧太后，安得海出宮被斬後，她並沒有吸取教訓，改過自新，而是繼續重用太監。梳頭太監李蓮英這幾年就甚得她的寵信，去年已升爲五品大總管了。

慈禧爲何重用太監呢？野史上説，作爲女人，慈禧喜歡那些閹割不乾淨的太監，因爲他們身上還

殘存着男人味。這種說法是想當然的。慈禧重用身邊的太監，其實也和歷代男性皇帝一樣，是因爲她相信太監是自己的私人，可靠，尤其是利用他們來辦一些不能公之於衆的事情，最爲穩當。

對於慈禧的這種行徑，朝廷中正派的官員們私下都有些議論，特別是那些激進的清流黨，更是對此痛惡不已。

憑直感，潘祖蔭覺得這樁門毆案，必定是太監失理在先，而慈禧又聽信了太監的一面之詞，藉聖旨來發泄自己的滿腔怒火，同時也要藉處理此事來樹立自己至高無上不可侵犯的權威。爲了證實自己的分析，他親自提訊已被拘捕的玉林、忠和和祥福。提訊的結果，他的分析得到證實。

但內務府大臣恩良則要堅決按旨辦事。審訊不審訊都無所謂，玉林等人的陳述他根本就聽不進。作爲內宮主管，恩良的這種態度是不難理解的。這是因爲他不但要維護屬於自己管轄的太監們的利益，他更要藉此討好巴結他的頂頭主子——兩宮皇太后。在這種職務的官員眼中，向來是沒有什麽原則和國家的概念的。面對着這種棘手的案子和尷尬的局面，才華過人的潘祖蔭頗感爲難。思索再三，他決定採取投石探路的方式。

第一步先上一摺，將提訊玉林等人的情況上報。摺子上詳細記録玉林等人的口供，試圖讓兩宮太后瞭解事情的另一面，希望她們在兼聽之後能變得明白起來。潘祖蔭請恩良會銜，恩良拒絶，他衹得單銜上奏。幾天後，他奉到硃批：不可偏聽一面之詞，應從嚴從速審結此案。太后們接過潘祖蔭投過的『偏聽』之矛，反過來又投向潘祖蔭本人，弄得這位刑部尚書哭笑不得。

無奈，潘尚書衹得采取各打五十大板的和稀泥的辦法，擬了一個懲處方案：護軍這邊，其頭目玉林責任較大，杖五百，罰去月俸三個月，祥福、忠和各杖五百；太監這邊，其頭目李三順責任較大，

交內務府慎刑司責打五百，罰去月俸三個月，二愣子、小勾子各責打五百。

疏上，硃批責備刑部偏袒護軍，對玉林等人懲罰過輕。

潘祖蔭氣憤了。他在刑部衙門裏發牢騷：『既然刑部處置不當，皇上自己聖心獨裁好了，何必要藉我們的口來說話！』

滿尚書文煜生怕因此得罪太后而丟掉頭上的紅頂子，他勸潘祖蔭：『伯寅兄，何苦爲幾個護軍惹太后生氣。太后說輕了，咱們再加重點。』

文煜自作主張重新判決：玉林從重發往吉林充當苦差，祥福從重發往駐防當差，覺羅忠和從重圈禁三年。他也不給潘祖蔭過目，便以刑部的名義第三次上奏。

三天後，上諭下達：

> 午門值班護軍毆打太監一案，曾諭令刑部、內務府詳細審辦，現據訊明定擬具奏。該衙門擬以玉林等發往邊地當差，自係照例辦理。惟此次李三順賫送賞件，於該護軍等盤查攔阻，業經告知奉有懿旨，仍敢抗違不遵，藐玩已極。若非格外嚴辦，不足以懲儆。玉林、祥福均着革去護軍，銷除本身旗檔，發往黑龍江充當苦差，遇赦不赦。忠和革去護軍，圈禁五年。均着枷號加責。護軍統領岳林，着再交部嚴加議處。禁門理宜嚴肅，嗣後仍着實力稽查，不得因玉林等抗違獲罪情形，稍形懈弛。懔之！

對護軍處罰之重，對太監偏愛之深，不僅令潘祖蔭憤慨，令文煜意外，也令闔朝大臣不滿。連日來，六部九卿的官員們紛紛私下議論：明明是太監虧理在先，爲何衹指摘護軍一方？明明是太監、護軍相互毆打，爲何單說護軍毆打太監？護軍盤查，乃職守所在，即使出現毆打之事，也不可處以如此

重的懲罰。革去護軍，已屬不輕，消除旗檔，聽之可駭，還要加上充當苦差，遇赦不赦，這一輩子永無出頭之日了。這種處罰，比打劫行兇還要重！尤其是忠和更慘，一個紅帶子居然被圈禁五年，而所犯之罪僅僅衹是打了太監。這叫人如何能服氣！至於這背後的原因却是再明白不過了：因爲李三順是奉慈禧太后之命出宮的，打狗得看主人面，玉林等人可惜年少不知此中關係！

奉行職守的遭到嚴懲，違反宮禁的反倒無事，今後誰來遵制，誰來守責？官員們哀嘆：門禁必將漸成虛文。

國家法紀不受重視，主子身邊的太監可以仗勢藐法，於是官員們又哀嘆：如此下去，前朝宦官干政的故事再將重演，大清朝的朝政從此將多事了！

狀元出身時任工部尚書的翁同龢很想爲此事上個摺子，提醒太后要杜防貂璫之弊。一天深夜，翁同龢來到好友協辦大學士軍機大臣沈桂芬的府上，探探他的口風。翁同龢想，如果他和自己一樣的看法的話，便和他會銜上奏。

朝中官員的擔憂，也是沈桂芬的擔憂，但他却不願上摺。

沈桂芬對翁同龢說：『遞摺子給太后，這不明擺着是披龍鱗、捋虎鬚嗎？我六十多歲了，又多病，還能活得幾年。壽終正寢，得個好謚號，便是此生最後的希望了，犯不着爲幾個護軍去觸怒太后。老弟，我也勸你多一事不如少一事，國家也不是你我二人的。她皇太后心中都衹有自己個人，不把國家當一回事，我們多操這份心做什麼！』

這話也說得有理。翁同龢的摺子也便不上了。

滿朝文武大臣大多數採取的也正是翁同龢、沈桂芬的態度，衹在嘴巴上說說而已，對於這場皇家

與部曹的鬥法，誰都不想參與。但翰林院有幾個書呆子與衆不同，他們却敢於頂風逆浪，要爲公理和正義去爭鬥一番。

這天午後，應陳寶琛之約，張之洞來到陳府。此時正是隆冬季節，天寒地凍，京師猶如置於一個大冰窟之中。陳寶琛夫婦都是福建人，十分畏寒，初冬開始便天天把火爐燒得旺旺的，一到陳家，張之洞彷彿有踏入春天之感。特別是客廳桌子上擺着的那幾盆福建特産——水仙，更是爲房間裝點着濃郁的春意。

張之洞端視着這幾盆可愛的植物，衹見那密密叢生的蒜條葉，一根根筆挺筆挺地向上奮進，黃綠色的葉片裏飽含着蓬勃生機。許多葉片的頂部都結着花蕾，有幾個花蕾提前綻開了，淡黃晶亮的花瓣笑融融地面對着窗外的枯枝敗葉、寒山瘦水。在眼下百花凋謝的殘冬，這幾盆南國水仙給冷寂的寰宇帶來多少溫馨，多少生氣啊！

正在張之洞凝思遐想的時候，張佩綸也應約走進陳家的客廳。

『香濤，你先我一步了！』張佩綸對在水仙花面前出神的張之洞大聲打着招呼。

『你看這花開得有多好！』張之洞擡起頭來對張佩綸說。正在這時，陳寶琛出來了。他又笑着對陳寶琛說：『你們福建怎麼有這麼好的冬花？』

『這是我們福建地氣好的緣故。不衹水仙，還有福橘、龍眼，都比別省的要好。』陳寶琛頗爲自豪地說，『你這麼喜歡水仙，我送你一盆吧！』

『也要送我一盆！』張佩綸直接索求。

『好，一人一盆。』陳寶琛爽快地答應。

三人坐下，喝着陳府的福建特産烏龍茶。

急性子張佩綸先開口：『弢庵，你把我和香濤召來，是不是爲了午門鬥毆事？』

『正是，正是！』陳寶琛説，『前些日子，一個名叫劉振生的瘋子冒稱太監，從神武門進了内宮，險些造成大禍，神武門護軍也衹是革職而已。這次太后爲了自己的面子，可以不顧家法，不顧國紀，給午門護軍這麼重的懲處。這樣的大事，滿朝文武没有一人遞個摺子主持公道，大清豈不要亡了嗎？』

『看來弢庵要上摺子了，有意把事情説得這等嚴重，好像大清就他一個人在支撑似的。』張佩綸打斷陳寶琛的話，笑着對張之洞説。

張之洞也笑了起來：『且聽他説完，看他是如何砥柱中流，力挽狂瀾的。』

『看來這大清是要靠我一人支撑了！』陳寶琛故意這麼説，他是想藉此刺激一下這兩位一向勇於言事的清流好友，希望他們也幫襯幫襯。『我關在家裏整整想了三天，擬了一道摺子，特爲請你們來，幫我參謀參謀。』

張佩綸説：『不瞞你説，我也正想上個摺子。這種時刻，豈能没有我張佩綸的聲音，想不到讓你着了先鞭。快拿出來念念吧，我和香濤幫你潤色潤色。』

張之洞説：『滿朝都是不平之聲，我輩豈能不上疏！』

『正是這句話，我還記得香濤兄的詩：白日有覆盆，刳肝訴九閽。虎豹當關卧，不能遏我言。没有什麼東西可以阻擋我們的聲音。我先遞，你們接着上。要讓天下人都知道，朝廷裏還是有敢於説話的人的。』陳寶琛氣勢豪壯地説着，一面從茶几上拿出一沓紙來。『我就不從頭至尾念了，挑幾個重要

的段落讀給你們聽聽。』

二張一同説：『我們洗耳恭聽。』

陳寶琛大聲念起來：『臣維護軍以稽查門禁爲職，關防内使出入，律有專條。此次毆打之釁，起於稽查。神武門兵丁失查擅入瘋狂，罪止於斥革。午門兵丁因稽查出入之太監，以致犯宫内忿争之律，冒抗違懿旨之愆，除名戍邊，罪且不赦。兵丁勢必懲夫前失，此後凡遇太監出入，但據口稱奉有中旨，概予放行，再不敢詳細盤查以別真僞，是有護軍與無護軍同，有門禁與無門禁同。』

『好！』張之洞拍手讚道，『有護軍與無護軍同，有門禁與無門禁同。這兩句話説得有力量。』

『本朝宫府肅清，從無如前代太監犯罪而從嚴者，斷無因與太監争執而反得重譴者。』陳寶琛繼續中氣十足地朗誦着，『臣愚以爲此案在皇上之仁孝，不得不格外嚴辦，以尊懿旨，而在皇太后之寬大，必且格外施恩，以抑宦官。若照日前處置，則此後氣焰浸長，往來禁闥，莫敢誰何？履霜堅冰，宜防其漸。』

陳府温暖的書房裏，主人的福建官話抑揚頓挫鏗鏘有力，仿佛是對着那與嚴冬氣候一樣的冷漠輿論所作的宣戰。

張之洞一手端着茶盃，一隻手摸着下巴，兩隻眼睛凝視桌上那盆散發着清香的水仙花。他一言未發，腦子裏却想得很多。上個月午門事件發生以來，張之洞就以他一貫關心時務的熱情，在注視着事態的發展和演變。

他曾當面問過潘祖蔭，也問過刑部其他官員，掌握了玉林等人的供詞。他還特地找過養心殿幾個較爲熟悉的太監，打聽過李三順其人，事件的真相已明白無誤。至於對護軍的懲罰將會帶來怎樣的後

果，他也看得清楚。他幾次想上疏説説自己的意見，但又幾次作罷。事情真難呀！難就難在規諫的是知遇之恩甚厚而喜怒又捉摸不定的慈禧太后，何況素來仁弱的慈安太后也持同樣態度！

張之洞先是殷切期盼兩宮太后能在怒火消除後，自己慢慢醒悟過來，不露痕跡地彌補過失。在這種企盼落空之後，他又懇切地盼望有地位崇高的人出來上奏，用忠誠來感化，用事理來點撥兩宮太后，使她們能悟以往之不諫，自己出面來作轉圜。他本人不卷入這場難堪的糾紛中去，而最後的結局又不至於給國家帶來不良影響。這便是張之洞所最爲希望的。但幾天過去了，上這種奏章的人却没有，他心裏開始焦慮起來。

他認真地聽完陳寶琛的奏稿後，心裏很是舒坦：弢庵真不愧一個無私無畏的清流，敢於直陳太后的過失。先前，趙烈文讚揚曾國藩的廉潔，説大清二百年不可無此總督，今天移給陳寶琛最合適了：大清二百年不可無此言官。

但張之洞還是有所顧慮：慈禧太后正在對護軍惱火透頂，開頭一段便是爲護軍辯護，會不會給她火上加油！他在心裏琢磨着：這樣一道針對太監護軍鬥毆事件的奏章，陳寶琛使用的是標準的佈局：護軍稽查無大錯，太監仗勢該訓斥，謹防由此而滋生的弊端。但這樣的佈局對於從諫如流的明君來説或許相宜，而對師心自用的慈禧來説未必合適。

『香濤兄，你發表意見呀，這樣寫可不可以？』張之洞還在反覆斟酌，陳寶琛已經逼將了。

『唔，行，行。』張之洞尚未考慮成熟，衹得敷衍着，『我看可以。』

『我以爲尚有所欠缺。』張佩綸背起手在客廳裏一邊踱步一邊説，『弢庵可能還有顧慮，話説得不够明白透徹。依我看，乾脆挑明：護軍之處罰，罰不當罪。』

張佩綸走到茶几邊，端起盃子，喝口水潤潤喉嚨，然後提高聲調，義憤填膺似的説：『旗人銷檔，乃犯姦盜詐僞之事，至於遇赦不赦，必爲犯十惡强盜、謀故殺人之罪。就算護軍完全無理，打了太監一頓，也不能這樣處罰。大清朝還有没有王法呀？刑部還有没有律令呀？眼下播之四方，今後傳之萬世，衆口將會如何議論呀？』

陳寶琛説：『幼樵説得對。我是有點擔心，怕話説得過重，兩宮太后接受不了。』

『弢庵這個擔心，可能不是多餘的。』張之洞斟酌良久，已有主意了。

張佩綸堅定地説：『語氣重一點，會有些刺眼，但有好處。我最反對用鈍刀子割肉，半天出不了血。弢庵你一向痛快，爲何這次瞻前顧後不痛不癢的。』

陳寶琛笑着説：『那好吧，就依你的，把這篇稿子改一改。』

『這篇可以用，不要再改了。』張之洞急忙制止。

『我看也不要再改了，就把它照原樣謄正，作正疏上。』張佩綸果斷地作出決定。『再來一道附片，不妨就按剛纔所説的，補一劑苦一點的藥。』

『行！』

陳寶琛欣然採納張佩綸這個建議，立即揮筆擬寫。張之洞的心裏却總有一些不太踏實的感覺。

很快，陳寶琛的附片又出來了。他興奮地對張佩綸説：『前面幾句，我就用你的原話。先告訴你，免得犯剽竊之罪。』

張佩綸笑着説：『我不怕你剽竊。竊得越多，我越高興。』

陳寶琛大聲念道：

再，臣細思此案護軍罪名，自係皇上爲遵懿旨起見，格外從嚴，然一時讀詔書者無不惶駭。蓋旗人銷檔，必其犯姦盜詐僞之事者也；遇赦不赦，必其犯十惡强盜、謀故殺人之事者也。今撳人成傷，情罪本輕，即違制之罪，亦非常赦所不屬，且圈禁五年，在覺羅亦爲極重。此案本緣稽查攔打太監而起，臣恐播之四方傳之萬世，不知此事始末，益滋疑議。臣職司記注，有補闕拾遺之責，理應抗疏力陳，而徘徊數日，欲言復止，則以爲時事方艱，我慈安皇太后旰食不遑，我慈禧皇太后聖躬未豫，不願以迂戇激烈之詞干冒宸嚴，以激成君父之過。然再四思維，臣幸遇聖明，若竟曠職辜恩，取容緘默，坐聽天下後世執此細故以疑聖德，不獨無以對我皇太后、皇上，問心亦無以自安，不得已附片密陳。伏乞皇太后深念此罪名有無過當，如蒙特降懿旨，格外施恩，使天下臣民知至愚至賤荒謬藐抗之兵丁，皇上因遵懿旨而嚴懲之於前，皇太后因繩家法防流弊而曲宥之於後，則如天之仁，愈足以快人心而光聖德。

『好極了，附片更要勝過正疏！』不待照例的程式話念完，張佩綸已爲之鼓掌喝彩。

『香濤兄，你看呢？』陳寶琛轉而問張之洞。

張之洞思忖了一會，説：『我還是剛纔的顧慮，是不是話説得過重了點。』

『不重，不重！』張佩綸大大咧咧地拍着年長他十歲的張之洞的肩膀説，『老兄一向敢做敢爲，這次爲何這等躲躲閃閃的。』

説罷又對陳寶琛嚷道：『我們幫你當了半天參謀，你怎麽一點表示都没有？』

陳寶琛笑着説：『我這就叫厨房上菜，我們邊喫邊説。』

喫完飯後天色已晚，二張告别主人各自回家。

回到家裏，張之洞還在回味着陳寶琛補寫的那道附片。『一時讀詔書者無不惶駭』，『臣恐播之四方傳之萬世』，『不知此事始末益滋疑議』，『激成君父之過』，『伏乞皇太后深念此案罪名有無過當』，這些話一直不停地在他的腦子裏迴旋著。認真地説，這些話都無不當之處，事情明擺着也是這樣，但聽起來却不大順耳。目的是要讓太后收回成命，從輕處罰護軍，並給參與鬥毆的太監以懲處，不讓太監有得勢滋生非分之念。祇要這個目的達到也就行了，至於手段是可以從權的。

太后死要面子，決不能有半點指摘她的意思，這是首要的。其次，太后眼下最惱火的是護軍。若是一個勁地爲護軍辯護，則反而會更令太后生氣，一旦惱羞成怒，堅持要按她説的辦，那就毫無辦法了，總不能爲幾個護軍而喋喋不休地死纏着太后不放吧！

陳寶琛的附片，以『惶駭』『傳播』等字眼來暗裏指摘太后，又一個勁地爲護軍辯護，恰恰在這兩點上犯了大忌。

『附片不能上！』想到這裏，張之洞堅定了這個認識，必須馬上制止。他提起筆來，寫了八個字：『附子一片，請勿入藥。』叫大根連夜送去陳府。

太后不能指摘，護軍不能辯護，剩下的惟有從『太監』着手了。再次提醒太后，注意前朝宦寺干政的危害，重申家法，杜絶亂萌，讓太后自己醒悟；並將前向劉振生一案並提，正可以看出管束太監之重要。對！就這樣寫，或許能帶來轉機。張之洞覺得爲午門鬥毆事件再上一疏的責任，已義不容辭地落到自己的頭上來了。

爲糾正太后的過失，爲鳴申護軍的冤屈，爲抑制太監的得勢，也爲陳寶琛正疏的有欠穩妥，張之洞施展平生文字功力，以極大的忠悃誠摯，以極度的委婉曲折，來表達自己一目了然的用心：

竊聞近日護軍玉林等毆太監一案，劉振生混入禁地一案，均稟中旨處斷。查玉林因係毆太監之人，而劉振生實因以與太監素識，以致冒干禁御。是兩案皆由太監而起也。

伏維閹臣恣横，爲禍最烈，我朝列聖馭之者亦最嚴。我皇太后、皇上遵家法，不稍寬假，歷有成案，紀綱肅然。即以兩案言之，玉林因藐抗懿旨而加重，並非以太監被毆也；劉振生一案，道路傳聞，謂內監因此事而獲罪發遣者數人，是聖意均見弊根，並非嚴於門軍而寬於近侍也。仰見大中至正，宮府一體，遏嘗有偏縱近侍之心哉！

護軍明明是因打太監而致罪，張之洞却改爲因抗懿旨而獲咎，貶太監而擡高太后，可謂煞費苦心。但兩次諭旨，均未有『懲辦太監』之類的一句話，這又作何解釋呢？張之洞含毫良久，終於想出了幾句估計能爲太后接受的話來：

惟是兩次諭旨俱無戒責太監之文，竊恐皇太后、皇上裁抑太監之心，臣能喻之，而太監等未必喻之，各門護軍等未必喻之，天下臣民未必喻之。太監不喻聖心，恐將有藉口此案恫嚇朝列妄作威福之患；護軍等不喻聖心，恐將有揣摩近習諂事貂璫之事。

接下來，張之洞說，嘉慶年間林清之變，實因太監爲內應，本年秋天在內廷天棚裏搜出火藥一事，也起因太監的失職。因此，他建議：

相應請旨，嚴飭內務府大臣將太監等認真約束稽查，申明鐵牌禁令，如有藉端滋事者，奏明重加懲處。

最後，張之洞以經典上的兩句名言：『履霜堅冰，防其漸也』，『城狐社鼠，惡其托也』，來暗示太后：一須防止太監仗勢驕縱，二則防止成爲狐鼠之輩的憑藉。

寫完後，他從頭至尾又細細地看過一遍。通篇文字，既沒有一句爲護軍辯護之意，也沒有半字觸犯太后至高無上的威嚴，而是緊緊扣住抑制貂璫得勢的祖訓家法。張之洞想，這樣的奏章，儻若太后都不能接受的話，大清的朝政，大概也就沒有多少指望了。

過了幾天，張之洞在翰林院門口遇到陳寶琛，問他附片上了沒有。

陳寶琛答：『上了。』

『你怎麼不聽我的勸告？』張之洞頗爲失望。

陳寶琛說：『接到你的字條後，我第二天去徵求幼樵的看法。幼樵說，附片比正疏還要好，如此精義，不用可惜。我自己也和幼樵持同一看法，若附子不入，此藥或將於病無效。』

張之洞跌足嘆道：『弢庵呀弢庵，你口口聲聲要太后從諫如流，自己先就做不到這一點。你比我小十歲，品級資望都不及我，我之規勸你尚且不能聽從。太后居九五之尊，多少人捧她求她，讓她懼她，她如何能輕易聽進逆耳之言？可見要從諫如流，對君王來說是多麼之難；而歷史上那些能採納人言的君王，又是多麼的難能可貴啊！』

陳寶琛啞然望着張之洞，對他這番感慨無言可駁。

在名醫薛福辰的精心治療下，慈禧腸胃不適的痼疾近來已大爲好轉。隨着身體的康復，她的心情也日漸舒暢起來。醇王福晉這天進宮來，照例先向兩位皇太后請安。見姐姐一掃病態，容光煥發，歡快地拉着姐姐的手恭賀：『好姐姐，你是越活越年輕，越來越漂亮。妹妹我簡直不敢和你坐在一起，怕別人說你是妹妹，我是姐姐。』

說得慈禧滿心歡喜，對着菱花鏡子一照，昔日的照人光彩果然重又出現，眼前的妹妹的確不如自己的美麗。醇王福晉的話和菱花鏡裏的形象，給四十多歲的慈禧帶來的喜悅，遠不是中外大臣的頌詞和藩屬國的貢品所能比擬的。

兩姐妹手拉手敘起家常話來。

醇王福晉說：『上次我過生日，姐姐送的禮物雖没收到，但心意我深領了。姐姐爲此事嚴懲了午門護軍，我和王爺都感到不安。』

慈禧安慰妹妹：『護軍打了我的太監，理應懲處，這與你們無干。』

慈禧衹這麽一個胞妹。當年父親過世，家道中落。就是這個妹妹和她一起，陪伴着母親度過了那段冷清的歲月。妹妹和她，雖是一母所生，性格却完全兩樣。妹妹寬容隨和，没有權力慾望，兒子雖貴爲天子，她却並没有驕矜之態。慈禧特賞她在紫禁城裏坐黄龍大轎的殊榮，但她一次也不坐。慈禧對此甚爲讚賞。與所有獨裁者一樣，慈禧自己是權慾狂，却又希望別人都没權慾。

『話雖這麽説，但畢竟是因爲我的生日禮物而引起的。』醇王福晉心裏懷着誠懇的歉意。『外間的人説，午門這事兒，太監爭了面子，衹怕他們今後會翹尾巴。我知道姐姐向來管束太監甚嚴，但外人不知道，以爲姐姐向着太監。姐姐爲這事兒受累了。』

妹妹這幾句輕柔懇摯的體己話，在慈禧心裏驟然引起了震動：各省官吏，市井百姓，還不知爲這件事嚼些什麽爛舌頭哩！

説了一會子家常話後，醇王福晉告辭姐姐，去看她的寶貝兒子。李蓮英送來了幾份奏章。

特命全權與俄國洽談伊犁事件的駐英法公使曾紀澤的奏疏説，與俄國談判已近尾聲，被崇厚割讓

的伊犁南部八萬里的領土，已從俄人手中奪回，衹是給俄國的兵費銀將會增加二百萬兩。這項改訂條約，即將簽字。

慈禧看了這份奏疏很是寬慰。八萬里土地爭回，這是給她的臉上增了大光，她將會以保守祖宗江山有功的英雄，贏得天下臣民的尊敬，至於多二百萬兩銀子，這與她毫不相干，自有四萬萬百姓去出。

四川總督丁寶楨也有一份奏章，説東鄉冤案平反昭雪後，川中父老同聲頌揚朝廷英明，東鄉冤民的親屬家家供上太后、皇上的牌位，祝福太后聖躬康泰，壽比南山。

慈禧看完這道摺子後舒心暢意地笑了。久病新癒邁向老境的皇太后，從來没有像現在這樣珍惜健康，盼望長壽的了。

看了這兩道奏摺，慈禧的心情特別好，她離開暖床，在閣子裏隨意走動，又喝了一盃吉林將軍銘安新呈的長白山人參湯，重又坐到床上。她拿起另一份摺子來。這摺子正是陳寶琛爲午門事件所上的正疏和附片。

若是在前些日子，慈禧看了這兩道摺片，定然會怒火中燒。她可能不會看完，就會將它扔在一邊，説不定還會提起硃筆寫幾句話，對上疏者嚴加申飭。但她今天没有這樣，而是沈下氣來耐心讀完了。這一來是病癒身體好了，二則是曾紀澤和丁寶楨的奏摺給她帶來了喜悅，三是妹妹的那幾句話也引起了她的反思。

在二千年帝制的最後一段歲月裏，執掌中國朝政達四十八年之久的這個女人，畢竟不是等閒之輩，當她心態平和的時候，也是知道權衡利弊的。